Alexandra und Jobst Schlennstedt

111 Orte in Ostwestfalen-Lippe, die man gesehen haben muss

emons:

Bibliografische Information der Deutschen Nationalbibliothek
Die Deutsche Nationalbibliothek verzeichnet diese Publikation in der Deutschen Nationalbibliografie; detaillierte bibliografische Daten sind im Internet über http://dnb.d-nb.de abrufbar.

MIX
Papier aus verantwortungsvollen Quellen
FSC® C010135
FSC www.fsc.org

Gestaltung: Eva Kraskes, nach einem Konzept von Lübbeke | Naumann | Thoben
Kartografie: Ursula Baaser
Druck und Bindung: B.O.S.S Druck und Medien GmbH, Goch
Printed in Germany 2013
ISBN 978-3-95451-109-9
Originalausgabe

Vorwort

Ostwestfalen-Lippe. Sperriger Name, sprödes Image. Der Name ruft bei den meisten Menschen außerhalb der Region bestenfalls ein Schulterzucken hervor. Manchmal auch nur ein müdes Lächeln. Doch das liegt einzig und allein daran, dass sie nicht wissen, welche Schätze die Region am Teutoburger Wald birgt. Weil ihnen Namen wie Bielefeld, Paderborn und Gütersloh nicht sexy genug erscheinen.

Vielleicht hat die vermeintliche Unattraktivität aber auch etwas mit dem Understatement der Menschen, die hier leben, zu tun. Eben jenem Understatement, das den geheimen Erfolg dieser Region ausmacht. Bundeskanzler, weltmarktführende Unternehmen, kultureller Hochgenuss, geschichtsträchtige Schauplätze und atemberaubende Naturdenkmäler. Und über allem thront wie auf dem Umschlag dieses Buches der heimliche Landesherr.

Für meinen Mann, der aus Ostwestfalen stammt, war die Recherche zu diesem Buch eine Reise in die Vergangenheit. Für mich ein spannendes Abenteuer mit Überraschungen, die ich nicht für möglich gehalten hätte. Kommen Sie mit auf eine Reise durch Ostwestfalen-Lippe und entdecken Sie, wie liebenswert dieses Fleckchen Erde ist.

Alexandra Schlennstedt

111 Orte

Detmolder Pilsener

1 Die Glasbläserstadt

Das Highlight steht im Industriegebiet

Seit fast 600 Jahren dreht sich in Bad Driburg nicht alles, aber vieles ums Glas. Zunächst hatten hier regelmäßig Wanderglashütten Station gemacht, die sich zeitweilig auch an anderen Stellen im Eggegebirge niederließen. Ab dem 15. Jahrhundert gab es in Bad Driburg die ersten fest ansässigen Glashändler, deren Zahl um 1900 auf über 100 Betriebe angewachsen war. 1864 erhielt die Stadt einen Eisenbahnanschluss und verfügte damit kontinuierlich über Brennstoff, der für das Glasbläserhandwerk unabdingbar war. Damit war der Grundstein für die Erfolgsgeschichte der Bad Driburger Glashütten gelegt.

Diese große Tradition ist heute noch in der Stadt allgegenwärtig. Jeden Tag kommen Fußgänger am Glasmacherdenkmal und der Glashändlertafel vorbei. Und einmal im Jahr wird das Glasbläserfest gefeiert. Im Glasmuseum wird die Geschichte der Glasmacher erzählt, wie sie arbeiteten und wie sie lebten. In der Kristallglas-Manufaktur Ruhland wird das Glasbläserhandwerk lebendig.

Im Industriegebiet des Bad Driburger Ortsteils Herste hat die Zukunft des Werkstoffs Glas bereits begonnen: Der »glass cube« könnte geradewegs einem Science-Fiction-Film entsprungen sein. Besonders im Innenraum wirkt die wabenartige Baustruktur beinahe schon außerirdisch.

In Wirklichkeit dient das Gebäude mit den sechs mal zwei Meter großen Glasscheiben als Showroom und Veranstaltungsfläche für das Bad Driburger Traditionsunternehmen glaskoch. Mit der Marke Leonardo etablierte Heinz Koch, der Enkel des Firmengründers Benedikt, das Unternehmen als eine der führenden Spezialgroßhandlungen für Glasprodukte. Nicht umsonst trägt das Haus, in dem sich das Bad Driburger Glasmuseum befindet, seinen Namen. Und auch wenn der »glass cube« für die Öffentlichkeit nur selten zugänglich ist, wer in Bad Driburg war, muss »den Würfel« mal gesehen haben. Zumindest von außen.

Adresse Industriestraße 23, 33014 Bad Driburg-Herste | Anfahrt A 33 Ausfahrt Paderborn-Zentrum, weiter auf B 64 Richtung Bad Driburg, vorbei an Bad Driburg, rechts Richtung Industriegebiet Herste abfahren, links auf Industriestraße, der Straße nach rechts bis zum Ende folgen | Öffnungszeiten Veranstaltungstermine und Buchungsmöglichkeiten unter Tel. 05253/860 (Mo–Do 8–16.30 Uhr, Fr 8–15 Uhr) erfragen | Tipp Das Glasmuseum im Heinz-Koch-Haus ist weitaus häufiger zugänglich und sehr informativ.

2 Der Gräfliche Park

Ein Holländer pflanzt Stauden statt Tulpen

Den vielen Kurorten und Gutshöfen ist es zu verdanken, dass Ostwestfalen-Lippe eine deutschlandweit außergewöhnlich hohe Dichte an Parkanlagen und Gärten besitzt. Während man andernorts in einem 20.000-Einwohner-Städtchen höchstens auf einen gut gepflegten Stadtpark trifft, hat man beispielsweise in Bad Driburg freie Auswahl, in welcher der vielfältigen Grünanlagen man die Natur genießen möchte.

Absolutes Highlight ist unangefochten der Gräfliche Park, der als eine der schönsten Parkanlagen Deutschlands gilt. Er wurde vom Europäischen Gartennetzwerk sogar als sogenannter Ankergarten ausgewählt, eine Auszeichnung, die nur wenigen zuteilwird. Der Eintritt ist zwar kostenpflichtig, dafür eröffnet sich dem Besucher hinter dem Kassenhäuschen ein eindrucksvoller 65 Hektar großer englischer Landschaftspark mit weitläufigen Rasenflächen, fünf Kilometern Hecken sowie Einzelbäumen, die teilweise bis zu 300 Jahre alt sind. Außerdem gibt es innerhalb der Anlage verschiedene Themengärten, wie die Lilienwiese, den Heckengarten oder den elf Hektar großen Wildpark mit Damwild und nordafrikanischen Kamerunschafen.

Einen besonderen Themengarten hat der Niederländer Piet Oudolf angelegt. Er ist derzeit einer der international gefragtesten Landschaftsarchitekten, der ansonsten mit Projekten in London oder New York auf sich aufmerksam macht. Auf 6.000 Quadratmetern pflanzte er 16.000 Stauden und Gräser, perfekt aufeinander abgestimmt. Das harmonische und aufgeräumte Arrangement von eher wildwüchsig wirkenden Pflanzen ergibt ein besonders spannendes Gesamtbild. Inmitten der Beete legte Oudolf kleine Grasflächen an, von denen aus der Betrachter neue Blickwinkel auf die Pflanzen erhält. So ist der blühende Fluss, den die geschwungenen Beete symbolisieren sollen, zu einem besonderen Besuchermagnet inmitten des Gräflichen Parks geworden.

Adresse Brunnenallee, 33014 Bad Driburg, www.graeflicher-park.de | Anfahrt A 33 Ausfahrt Paderborn-Zentrum, weiter auf B 64 Richtung Bad Driburg, bei Bad Driburg links auf Brakeler Straße, später rechts auf Brunnenstraße, hier Südeingang in den Park | Öffnungszeiten April–Okt. 8–18 Uhr | Tipp Sonntags kann man im nahe gelegenen Güterbahnhof in der Brakeler Straße mit der Modellbundesbahn eine Miniatur-Zeitreise ins Jahr 1975 unternehmen.

3 Die Lippequelle

Hier liegt Odins Auge. Oder doch nicht?

Bad Lippspringe ist bekannt für seine Mineral- und Heilquellen. Schon Papst Pius X. nutzte das Wasser der Liboriusquelle, um seine Stoffwechselerkrankung zu kurieren. Den heilenden Gewässern verdankt Lippspringe die Auszeichnung als Kurort und den Namenszusatz »Bad«. Benannt ist der Ort aber nach einer schlichten Süßwasserquelle, der Lippequelle. In Bad Lippspringe entspringt, wie der Name schon sagt, die Lippe. Der Fluss, der schon für die Römer von großer strategischer Bedeutung war und der heute noch Namensgeber für eine ganze Region ist.

Die Lippequelle ist eine Karstquelle. Das bedeutet, dass das Regenwasser, das in einem nahe gelegenen Karstgebiet versickert, an dieser Stelle in einem Quellteich wieder zutage tritt. Das türkisblau schimmernde Wasser hat dem Quellteich den Beinamen »Odins Auge« beschert. Eine lokale Sage erzählt, dass sich der höchste Germanengott ein Auge ausgerissen und auf die Erde geworfen hat, um den Bewohnern der trockenen Sennelandschaft Wasser und fruchtbare Böden zu schenken. Dort, wo das Auge auf den Boden traf, entsprang die Lippe. – Eigentlich besagt die nordische Mythologie, dass Odin nur noch ein Auge hatte, weil er es als Pfand gegen einen Schluck aus Mimirs Brunnen gegeben hat, um Weisheit zu erlangen. Aber das kann man ja ruhig ignorieren, denn schließlich klingt die Version mit der Lippequelle einfach gut.

Dabei müsste man sich in Bad Lippspringe gar keine Geschichten ausdenken, um die Lippequelle interessant zu machen. Allein ihr malerischer Anblick ist schon einen Besuch wert.

Der Teich mit dem leuchtend grünblauen Fleck in der Mitte breitet sich direkt vor der Lippspringer Burgruine aus. Schon Karl der Große lagerte hier im 8. Jahrhundert mit seinem Heer, um Reichsversammlungen abzuhalten; auch wenn für ihn sicherlich die strategisch günstige Lage in der Nähe Paderborns wichtiger war als der schöne Anblick.

Adresse Newbridge Promenade, 33175 Bad Lippspringe | **Anfahrt** A 33 Ausfahrt Paderborn-Elsen, weiter auf B 1 Richtung Bad Lippspringe, Ausfahrt Richtung Neuenbeken, Bad Lippspringe, im Kreisverkehr 3. Ausfahrt (Detmolder Straße), rechts auf Lange Straße, links auf Marktstraße und weiter zu Fuß zur Quelle | **Tipp** Ein Ritteressen in der benachbarten Burgruine ist ein Erlebnis, zu buchen über die Bad Lippspringe Marketing GmbH.

4 Das GOP Varieté

Das ehemalige Kurhaus in neuem Glanz

Wie ein Barockschloss thront es auf dem höchsten Punkt des Kurparks: das ehemalige Kurhaus von Bad Oeynhausen. Innendrin findet sich eine perfekte Symbiose aus Tradition und Moderne. 1905 bis 1908 wurde das Gebäude im neobarocken Stil erbaut und beherbergte in den letzten 20 Jahren des vergangenen Jahrhunderts das Spielcasino des Kurortes. Im Jahr 2000 ist das GOP Varieté hier eingezogen, dessen Tradition nahezu genauso alt ist wie das Gebäude selbst.

Das GOP-Stammhaus war einst ein Restaurant-Café im Hannoveraner Georgspalast, das sich in den 1920er Jahren zu einem Tanzcafé mit Orchesterauftritten entwickelte. Nach den Zerstörungen des Zweiten Weltkriegs wurde es 1947 als GOP Varieté-Theater wiedereröffnet und erreichte in den 1950er Jahren Kultstatus, als hier internationale Stars wie Josephine Baker und Zarah Leander auf der Bühne standen. Mit dem Siegeszug des Fernsehens musste das GOP aufgrund von Besuchermangel schließen, wurde aber 1992, nach 30-jähriger Pause, wiedereröffnet. Das niveauvolle Kleinkunstprogramm kam beim Publikum an, und schon bald eröffneten weitere GOP-Theater in anderen Städten.

Bad Oeynhausen war nach Hannover und Essen der dritte GOP-Standort, später kamen noch Münster und München hinzu. Auf 4.000 Quadratmetern Fläche bietet das Kaiserpalais, wie das ehemalige Kurhaus nun genannt wird, weit mehr als das Varieté-Theater, das in den neobarocken Konzertsaal eingezogen ist. Die GOP-Unternehmensgruppe betreibt hier zwei Restaurants, mehrere Veranstaltungsräume, die auch für private Feiern genutzt werden können, und eine Diskothek. Das Showprogramm, die Kulinarik und das Interieur der Räumlichkeiten sind sehr modern gestaltet. Letzteres harmoniert trotzdem perfekt mit der sorgfältig restaurierten, prächtigen Gründerzeitarchitektur und macht den Besuch im Kaiserpalais zu einem besonderen Erlebnis.

Adresse Im Kurgarten 8, 32545 Bad Oeynhausen, www.variete.de | **Anfahrt** A 2 bis Kreuz Bad Oeynhausen, weiter auf A 30 Richtung Amsterdam, Osnabrück, weiter auf B 61 und Beschilderung Richtung A 30 folgen, links auf Steinstraße, rechts auf Bismarckstraße, rechts auf Ostkorso, zu Fuß nach links bis zum Kaiserpalais | **Tipp** Etwas touristisch, aber für Zuckerjunkies ein Muss, ist die Bonbonkocherei im Salz- und Zuckerland am Sielpark.

5 Stahl's Imbiss

Bratwurst – sonst nichts

Die Westfalen und die Bratwurst – das ist eine ganz besondere Liebe. In Ostwestfalen ist das nicht anders. In nahezu jedem Ort gibt es mindestens eine Wurstbraterei, deren Fans sich sicher sind, dass das die beste Nordrhein-Westfalens ist. So auch in Bad Oeynhausen. Der Imbiss, der hier Kultstatus genießt, heißt Stahl's.

Seit 1949 steht er an der Steinstraße, Ecke Mindener Straße. Ursprünglich wurde die Wurst aus einem Anhänger verkauft, der dann immer weiter ausgebaut wurde, bis der heutige Zustand erreicht war. In all den Jahren – mehr als ein halbes Jahrhundert lang – hat der Imbiss nur einen Inhaberwechsel erlebt.

Und genau so konstant hält sich auch das Publikum. Die meisten Stammgäste besuchen Stahl's seit mehreren Jahrzehnten. Die Jüngeren kehren schon seit ihrer Kindheit hier ein. Und das nicht nur, weil es die Eltern auch schon immer so gemacht haben, sondern weil es hier einfach schmeckt. Stahl's ist eben eine Institution in Bad Oeynhausen.

Aber warum ist die Wurst hier so gut? Ob es daran liegt, dass das Fleisch von Tieren aus der Region kommt? Oder daran, dass sie täglich frisch vom Fleischer angeliefert wird? Wer weiß? Für einen entscheidenden Geschmacksunterschied sorgt jedenfalls die Tatsache, dass sie nicht vorgebrüht ist und auf Holzkohle gebraten wird. Und deshalb kommen die Fans nicht nur aus der näheren Umgebung, sondern aus allen Teilen der Republik. Denn für viele Durchreisende ist der Umweg zur Wurstbude obligatorisch. Kein Wunder, dass man häufig in der dritten Reihe vor dem Tresen warten muss. Was schließlich auf den Teller kommt, ist bei allen gleich: eine Bratwurst. Höchstens begleitet von einer Portion Pommes, etwas Senf oder Ketchup. Sonst nichts.

Bei Stahl's gibt es keine Brathähnchen oder Gyrosteller, keine fünferlei Wurstsorten oder sonstigen Schnickschnack. Einfach nur Wurst und gut.

Adresse Mindener Straße 27, 32547 Bad Oeynhausen | Anfahrt A 2 bis Kreuz Bad Oeynhausen, weiter auf A 30 Richtung Amsterdam, Osnabrück, weiter auf B 61 und Beschilderung Richtung A 30 folgen, bis zur Kreuzung Mindener Straße, Ecke Steinstraße fahren | Öffnungszeiten Mo–Sa 11–23 Uhr, So und Feiertage 11–22 Uhr | Tipp Nicht weit weg, an der Mindener Straße 44, befindet sich das Energie-Forum-Innovation, das der Stararchitekt Frank O. Gehry entworfen hat.

6 Die Wittekindsquelle

Wo Widukind den Glauben fand

Zugegeben, dieser Ort ist nicht einzigartig, denn Wittekindsquellen gibt es gleich mehrere im Wiehengebirge. Die Sagen rund um den Sachsenherzog Widukind übten nun mal eine große Faszination auf die Menschen in der Region aus. Aber jede der Quellen hat ihre eigene Geschichte zu erzählen und trägt aus einem anderen Grund den Namen Wittekind. Der Ursprung der Wittekindsquelle im Bad Oeynhausener Ortsteil Bergkirchen soll jedoch besonders bedeutsam, ja sogar kriegsentscheidend gewesen sein.

Der Sage nach ist Widukind während der Sachsenkriege, die er gegen Karl den Großen führte, auf dem Gelände der heutigen Kirche St. Nikolaus durch das Wiehengebirge geritten. Die militärische Situation für den Anführer der heidnischen Sachsen schien ausweglos. Bei seinen Überlegungen, sich zu unterwerfen und zum Christentum überzutreten, wartete er auf ein Zeichen Gottes, so es ihn denn gäbe. Sein Pferd begann zu scharren und trat einen Stein los, unter dem Quellwasser hervorsprudelte. Dies war für Widukind der Moment, in dem er entschied, den Krieg zu beenden.

Diese Sage um das Quellwunder zog in Ostwestfalen-Lippe weite Kreise. In Herford errichtete man zu seinem Gedenken sogar ein Denkmal am Wilhelmsplatz. Und nicht nur in Bergkirchen ist man davon überzeugt, dass das hiesige Ereignis der Anstoß für Widukind war, sich später taufen zu lassen – mit Kaiser Karl als Pate. Nach der Taufe erhob der Kaiser Widukind zum Herzog der Sachsen und wandelte sein Wappentier von einem schwarzen zu einem weißen Ross. Dieses findet sich noch heute in den Wappen von Niedersachsen und Westfalen wieder und zeigt, welchen Stellenwert Widukind in der frühmittelalterlichen deutschen Geschichte hatte. In Anbetracht dieser bedeutsamen Sage kann man es fast schon Understatement nennen, dass die Bergkirchener das Umfeld ihrer Wittekindsquelle so beschaulich und schlicht gestaltet haben.

Adresse Bergkirchener Straße, Ecke Volmerdingsener Straße, 32549 Bad Oeynhausen-Bergkirchen | **Anfahrt** A 2 bis Kreuz Bad Oeynhausen, weiter auf A 30 Richtung Amsterdam, Osnabrück, weiter auf B 61 und Beschilderung Richtung A 30 folgen, rechts auf Eidinghausener Straße, weiter auf Volmerdingsener Straße bis zur Kirche | **Tipp** Von der Quelle aus kann man auf den Spuren Widukinds wandeln. Man muss dazu einfach dem Wittekindsweg folgen, der auf dem Kamm des Wiehengebirges entlangführt.

7__Das ErlebnisGradierwerk

Nordseeluft für Daheimgebliebene

Bei Atemwegserkrankungen empfiehlt sich eine Kur am Meer, denn die salzhaltige Luft reinigt und befeuchtet die Atemwege, hat eine sekretlösende Wirkung und lässt die Schleimhäute abschwellen. Für eine solche Kur kann man aus Ostwestfalen-Lippe den weiten Weg an die Nordsee auf sich nehmen – oder einfach nach Bad Salzuflen fahren. Mitten in der Innenstadt erhebt sich hier eine rostbraunfarbene, lang gestreckte Wand, die den meist chronisch Kranken Linderung verspricht. Bei genauerem Hinsehen entpuppt sich die »Wand« als eine Holzrahmenkonstruktion, gefüllt mit dicht aufeinandergestapelten Schwarzdornzweigen. Das Geäst wird permanent mit Sole, also stark salzhaltigem Wasser, berieselt. Dabei zerstäubt und verdunstet das Wasser, reichert die Luft in der Umgebung mit Salz an und entfaltet so seine heilsame Wirkung.

Als 1767 das erste Gradierwerk in Bad Salzuflen gebaut wurde, hatte man mit Asthma und Co. noch nicht viel am Hut. Damals diente es als Bestandteil der Salzufler Saline der Salzgewinnung. Durch das Gradierverfahren, bei dem Wasser verdunstet, wird der Salzgehalt der Sole erhöht. Gleichzeitig lagern sich Kalk und Verunreinigungen an den Schwarzdornzweigen ab. Durch diese Vorbereitung der Sole konnten die Siedekosten für die Salzgewinnung reduziert werden.

Heute sind von den ehemals vier Gradierwerken noch drei übrig, die ausschließlich dem Kurbetrieb dienen. Das eindrucksvolle Exemplar am Kurparkeingang wurde 2007 als Ersatz für das älteste Gradierwerk eröffnet und kombiniert Heilwirkung mit Erlebnis. Die doppelwandige Anlage ist nämlich von innen begehbar und führt zur Sole-Nebelkammer. Sanfte Beleuchtung mit Sternenhimmel und ruhige Musik sorgen für Entspannung des Geistes, und die intensive Inhalation der Aerosole, also der salzhaltigen Luft, fördert die Durchblutung der Lunge und damit die Sauerstoffaufnahme im Blut.

Adresse Parkstraße, 32105 Bad Salzuflen | Anfahrt A2 Ausfahrt Herford, Bad Salzuflen, weiter auf B 239 Richtung Bad Salzuflen, Lübbecke fahren, links auf Werler Straße, weiter auf Brüderstraße, rechts auf Sophienstraße, rechts auf Parkstraße | Öffnungszeiten April–Okt. 10–18 Uhr, Nov.–März 11–16 Uhr, Öffnung im Winter witterungsabhängig (Informationen bei der Tourist-Information, Tel. 05222/183183), von außen jederzeit | Tipp Vom Gradierwerk aus lohnt sich ein Bummel durch die historische Altstadt mit ihren prachtvollen Fachwerkhäusern.

8 Der Hortus Vitalis

Come in and find out

Bad Salzuflen, der Namensvorsatz verrät es, ist als Kurort ganz auf die Bedürfnisse Erholungssuchender eingestellt. Und so zieht sich der Kurpark mit dem großen See wie ein grünes Band durch die Innenstadt. Hier kann man abschalten und die Seele baumeln lassen. Wer lieber etwas mehr Abwechslung möchte, sollte einen Abstecher an den östlichen Rand des Landschaftsparks unternehmen. Auf fünf Quadratkilometern Fläche fordert der Hortus Vitalis seine Besucher heraus. Nicht körperlich, sondern was das Köpfchen betrifft. Hier sorgen Hecken aus mehr als 5.000 Thujen für Verwirrung bei den Besuchern, die alle nur ein Ziel haben: den Weg durch den Irrgarten zur Aussichtsplattform in der Mitte zu finden. Doch das ist natürlich nicht ganz so einfach. Wer es dann doch noch geschafft hat, sich den richtigen Weg durch das dichte Grün zu bahnen, kann den anderen Besuchern von oben beim Verirren zusehen – und sich schon einmal einen Überblick verschaffen, wie er am schnellsten aus dem Gewirr wieder herausfindet.

Die Initiatoren der Erlebniswelt, fünf Unternehmer aus Bad Salzuflen, haben sich bei der Gestaltung der Anlage von den klassischen britischen Irrgärten inspirieren lassen. Deshalb die Thuja-Hecken und deshalb auch die Picknickmöglichkeiten im Park, wo man sich sein selbst mitgebrachtes Sandwich schmecken lassen kann. Und auch die Größe des Gartens versucht mit den Vorbildern von den Britischen Inseln mitzuhalten – er ist der größte seiner Art auf dem europäischen Festland.

Der Hortus Vitalis hält aber noch andere Angebote für die ganze Familie bereit. Im »Garten des Lebens« können sich die Großen von den Düften der Heil- und Kräuterpflanzen betören lassen, während die Kleinen auf dem großzügigen Spielplatz toben und in der Sandkiste mit Wasserlauf matschen.

Und die fast Großen? Die sind beim Tischfußball oder auf der Boulebahn gut aufgehoben.

Adresse Lietholzstraße 1, 32105 Bad Salzuflen, www.hortus-vitalis.de | Anfahrt A 2 Ausfahrt Herford, Bad Salzuflen, weiter auf B 239 Richtung Bad Salzuflen, Lübbecke fahren, links auf Lockhauser Straße, links auf Beetstraße, links auf Am Steinbrink, rechts auf Wenkenstraße, links auf Am Ostpark, links auf Lietholzstraße | Öffnungszeiten Fr–So und feiertags 10.30–18 Uhr | Tipp Im Sommerhalbjahr kann man am benachbarten Kurparksee ein Boot für eine entspannte Ruderpartie mieten.

9 Das Salzsieder-Denkmal

Erinnerung an goldene Zeiten

In Bad Salzuflen ist es heute der Kurbetrieb, der sich die solehaltigen Quellen – ganze zehn Stück gibt es im Stadtgebiet – und ihre heilsame Wirkung zunutze macht. Viele Jahrhunderte zuvor waren es die Salzsieder, die das Salzwasser zu Geld machten. Mit dem weißen Gold, das sie aus der Sole gewannen, sorgten sie dafür, dass die Stadt im Mittelalter stets zu den wohlhabenderen Siedlungen gehörte. Ja, den Salzsiedern ist es zu verdanken, dass es Bad Salzuflen überhaupt gibt.

Vor knapp 1.000 Jahren, Mitte des 11. Jahrhunderts, wurde das heutige Bad Salzuflen noch als Siedlung »Uflon« erwähnt. Dass später der Namensvorsatz »Salz« hinzukam, lag daran, dass der Paderborner Bischof die Siedlung »Uflon« oder »Uflen« dem Kloster Abdinghof als Salzstätte schenkte. Ein überaus wertvolles Präsent, denn Salz war seinerzeit nicht nur als Würzmittel begehrt. Es war in größeren Mengen notwendig, um Fisch und Fleisch darin einzulegen und somit haltbar zu machen.

Die Saline, in der durch Verdunstung die Sole zu Salz wurde, soll sich an der Stelle des heutigen Salzhofs befunden haben. Aus dem dortigen Brunnen sprudelte es reichlich, sodass vom großen und einträglichen Salzkuchen nicht nur das Kloster Abdinghof, sondern auch andere Klöster sowie adelige und bürgerliche Anteilseigner etwas abhaben wollten. Im Dreißigjährigen Krieg kam der Salzhandel zum Erliegen, womit der Stadt die wirtschaftliche Basis geraubt wurde. Erst im 18. Jahrhundert wurde die Produktion wieder aufgenommen, allerdings profitierte nun lediglich der neue Besitzer der Salinen, der Graf zur Lippe, davon.

Geblieben ist den Bürgern der Salzhof, der heute mit seinen Fachwerkhäusern die gute Stube der Stadt ist. Am Rande des Platzes erinnert das Salzsieder-Denkmal an die Blütezeit der Stadt. Allerdings nur symbolisch, denn die Statue stellt einen Salzwerker um 900 nach Christus dar.

Adresse Lange Straße/Am Markt, 32105 Bad Salzuflen | Anfahrt A2 Abfahrt Herford, Bad Salzuflen, weiter auf B 239 Richtung Bad Salzuflen, Lübbecke fahren, links auf Werler Straße, rechts auf Bahnhofstraße, links auf Ostertor, links auf Osterstraße, links auf Lange Straße, Am Markt | Tipp Dienstags und samstags von 8 bis 13 Uhr erobern Marktstände den Salzhof. Der Bad Salzufler Wochenmarkt ist bei Bürgern und Gästen gleichermaßen beliebt.

10 Die Villa Dürkopp

Kurzzeitdomizil eines visionären Unternehmers

Wenn man das Bad Salzufler Stadtzentrum über die Bismarckstraße verlässt, taucht sie plötzlich auf und thront majestätisch oberhalb der Straße: die Villa Dürkopp. Heute als Hotel genutzt, war sie einst das private Wohnhaus des Bielefelder Unternehmers Nicolaus Dürkopp. Er hatte als Mitarbeiter der ersten Bielefelder Nähmaschinenfabrik angefangen, aber schon nach wenigen Jahren sein eigenes Unternehmen gegründet, mit dem er die Nähmaschinenproduktion in Bielefeld maßgeblich prägte. Schließlich mussten die vielen Bielefelder Textil- und Wäschefabrikanten entsprechend versorgt werden.

Aber nur bei den Nähmaschinen blieb es nicht. Als erstes deutsches Unternehmen stieg Dürkopp in die Serienproduktion von Fahrrädern ein und unterhielt einen äußerst erfolgreichen Radrennstall. Dürkopps Herz schlug aber eigentlich für den motorisierten Fahruntersatz. Er versuchte sich mehrfach an der Produktion von Automobilen. Allerdings blieb dieser Unternehmensbereich defizitär und wurde nur wenige Jahre nach dem Tod des Unternehmensgründers 1918 eingestellt.

Einige Jahre später gab es dann aber doch einen motorisierten Verkaufsschlager, allerdings nicht auf vier, sondern auf zwei Rädern. Ausgerechnet die Motorrad- und Motorrollerproduktion, die 1912 zugunsten des Automobilbaus eingestellt worden war, bescherte dem Unternehmen große Erfolge. Besonders die Diana-Reihe aus den 50er Jahren hat unter Fans heute einen ähnlichen Kultstatus wie das italienische Vorbild, die Vespa.

Als Nicolaus Dürkopp beschloss, seinen Wohnsitz von Bielefeld nach Bad Salzuflen zu verlegen, war er bereits hochbetagt. Im Oktober 1917 hat der 75-jährige Dürkopp die Villa Roseneck, wie sie damals noch hieß, mit seiner zweiten Ehefrau bezogen. Doch leider währte das Glück nicht lange. Nur acht Monate später verstarb Dürkopp und wurde auf dem nahe gelegenen Waldfriedhof beerdigt.

Adresse Obernbergstraße 2, 32105 Bad Salzuflen | **Anfahrt** A 2 Ausfahrt Herford, Bad Salzuflen, weiter auf B 239 Richtung Bad Salzuflen, Lübbecke fahren, links auf Werler Straße, weiter auf Brüderstraße, links auf Bismarckstraße, links auf Goethestraße, rechts auf Obernbergstraße | **Tipp** Von der Obernbergstraße lohnt sich ein Ausflug in den Stadtwald, wo auch der Friedhof mit Dürkopps Grabstätte liegt.

11 Die Hannoverschen Klippen

Nervenkitzel über der Weser

Zugegeben, es ist nicht der Grand Canyon, aber an bestimmten Orten bietet das Weserbergland ebenfalls atemberaubende Ausblicke auf den namensgebenden Fluss und die umliegende Landschaft. Einer dieser Orte sind die Hannoverschen Klippen in der Nähe von Beverungen. Bis zu 75 Meter hoch erhebt sich diese Formation aus Sandstein.

Über Jahrmillionen hat der Flusslauf der Weser das verhältnismäßig weiche Gesteinsmaterial abgetragen. Die verbliebenen Klippen wurden von dichtem Baumbewuchs bewaldet. Die Buntsandsteinfelsen sind dadurch nur an einzelnen Stellen sichtbar. Von diesen baumfreien Felsen bieten sich die besten Ausblicke auf das Wesertal und die Landschaft von gleich drei Bundesländern.

Wenn man von den Hannoverschen Klippen auf den Fluss blickt, erstreckt sich rechter Hand der nahezu östlichste Zipfel Nordrhein-Westfalens. Linker Hand sieht man die Nordspitze Hessens. Und der bewaldete Bergzug im Rücken ist der südliche Rand von Niedersachsen. Ganz in der Nähe der Klippen befindet sich nämlich das Dreiländereck und am gleichnamigen Parkplatz ein zugehöriger Dreiländerstein. Er markiert allerdings nicht exakt den Punkt, an dem die drei Bundesländer aufeinandertreffen, sondern ist circa 200 Meter davon entfernt.

Doch zurück zu den Klippen. Um den Besuchern eine noch eindrucksvollere Aussicht über die Landschaft zu bieten, hat man sich im Jahr 2011 ein Stück Grand Canyon an die Weser geholt: Ähnlich wie beim berühmten Vorbild gibt es nun einen Skywalk, eine Aussichtsplattform, die mehrere Meter über den Klippenrand hinausragt. Nicht ganz so mächtig wie im Grand Canyon und der Boden nicht aus Glas, sondern einer Stahlgitterkonstruktion. Doch die genügt, um beim Betreten einen besonderen Nervenkitzel zu spüren, bevor man sich vorsichtig ans Geländer des Weser Skywalk lehnt und fasziniert den Blick schweifen lässt.

Adresse Alter Postweg, 37688 Beverungen-Würgassen | **Anfahrt** B 83 bis zum Beverunger Ortsteil Herstelle, über die Weserbrücke zum Ortsteil Würgassen, rechts auf Würrigser Straße, beim Hotel Forsthof parken und zu Fuß der Beschilderung »Weser Skywalk« folgen | **Tipp** Die Hannoverschen Klippen kann man sich von unten am besten von einem Fahrgastschiff auf der Weser ansehen. Die Tour führt von Karlshafen bis zum Schloss Corvey.

12__Der Bunker Ulmenwall

Nicht nur in OWL, sondern auch in NYC ein Begriff

Es soll ja hierzulande einige Nicht-Bielefelder geben, die an der Existenz der Stadt zweifeln. Über diese Personen kann pauschalisierend gesagt werden, dass sie bestimmt keine Jazzfans sind. Denn Liebhaber des modernen Jazz kennen die Stadt – und hier einen Ort im Speziellen: den Bunker Ulmenwall. Seit Mitte der 1950er Jahre hat sich der ehemalige Luftschutzbunker zu einer bekannten Jazzspielstätte entwickelt.

Zunächst fanden Tanzabende mit DJs oder lokalen Bands und Diskussionsrunden zu den neuesten Jazzplatten statt. Später kamen auch Konzerte hinzu. Sogar den Musikern der New Yorker Jazzszene ist der Bunker ein Begriff: Sie nennen ihn liebevoll »Toaster«. Möglicherweise wegen der steigenden Temperaturen, wenn sich bis zu 200 Gäste in den gerade einmal 200 Quadratmeter großen Räumlichkeiten drängen. Ganz sicher aber, weil die Musiker sich in der Rolle der Weißbrotscheibe sehen, wenn das Publikum von allen Seiten an die niedrige Bühne herandrängt. Aber genau das ist es, was die Atmosphäre und damit die Einzigartigkeit des Clubs ausmacht.

Auf dieser Bühne, die zu den ältesten Jazz-Spielstätten Deutschlands zählt, haben in den vergangenen Jahrzehnten immer wieder Musiker aus dem Big Apple gestanden. Aber auch jenseits des Jazz steht der Bunker Ulmenwall mittlerweile für ein gehobenes Kulturprogramm, das insbesondere die Jugendkultur in den Fokus rückt. Literatur, Kabarett und die Förderung des regionalen Nachwuchses verschiedener musikalischer Stilrichtungen gehören dazu. Die regelmäßig stattfindenden Poetry-Slams haben sich zu einer festen Größe im Programm entwickelt. So vielfältig die Veranstaltungen auch sein mögen, eine Maxime haben sie alle gemein: bloß kein Mainstream! Insofern steht das britische U-Bahn-Logo des Bunkers nicht nur symbolisch für die Hülle, sondern auch für den Inhalt des Clubs: Underground.

Adresse Kreuzstraße 0, 33602 Bielefeld, www.bunker-ulmenwall.de | **Anfahrt** A2 Ausfahrt Bielefeld-Zentrum, B66 Richtung Bielefeld-Zentrum fahren bis zur Kreuzstraße, Ecke Niedernwall | **Öffnungszeiten** zu den Veranstaltungen (siehe Homepage) | **Tipp** Wer von Jazz nicht genug bekommen kann, sollte auch einmal beim Bielefelder JazzClub in der Beckhausstraße vorbeischauen.

13_Die Dr. Oetker Welt

Ein Apotheker beglückt die Hausfrauen der Nation

Mit einem Päckchen Backpulver fing alles an: Das weiße Pülverchen, das Dr. August Oetker 1891 im Hinterzimmer seiner Apotheke abmischte, sorgte für helle Aufregung unter den Bielefelder Hausfrauen. Von nun an gelang jeder Kuchen, dem ein Tütchen »Backin« zugefügt wurde. Gut 100 Jahre später ist aus der Bielefelder Apotheke ein internationales Unternehmen mit über 9.800 Mitarbeitern in rund 40 Ländern geworden, das circa 350 verschiedene Produkte allein für den deutschen Markt herstellt. Und dennoch ist Dr. Oetker immer noch ein Familienunternehmen, das in seiner Heimatstadt Bielefeld verwurzelt ist.

Die Erfolgsgeschichte der bekanntesten Lebensmittelmarke Deutschlands wird auf 1.500 Quadratmetern in der »Dr. Oetker Welt« präsentiert. Im lichtdurchfluteten Glasfoyer wird der Besucher von einem überdimensionalen Pudding empfangen. Möglicherweise deshalb, weil das Gebäude, in dem sich heute die Erlebniswelt befindet, noch bis 2001 der Produktion diente und damals den Namen »Puddingpulverbau« trug.

Wenn man den Pudding passiert hat, taucht man ein in die Geschichte des Unternehmens und vor allem der Marke »Dr. Oetker«. Man lernt die Herstellungsprozesse der verschiedenen Produkte kennen und darf der legendären Dr. Oetker Versuchsküche einen Besuch abstatten. Seit den 30er Jahren als mobile Version unterwegs, wurde 1964 die erste gläserne Versuchsküche eingerichtet, in der die Verbraucher den Profis über die Schulter schauen konnten. Während der Firmengründer seinerzeit noch in einem vier Quadratmeter großen Zimmer herumexperimentierte und seine Frau am heimischen Ofen unzählige Backversuche durchführte, werden heute auf 750 Quadratmetern mit 50 verschiedenen Backöfen neue Rezepte entwickelt und getestet. Und mittlerweile gibt es auch wieder eine mobile Versuchsküche: eine Dr. Oetker App fürs Handy. Für den Fall, dass man unterwegs mal schnell ein Rezept benötigt.

Adresse Lutterstraße14, 33617 Bielefeld | **Anfahrt** A 2 Ausfahrt Bielefeld-Zentrum, B 66 Richtung Zentrum bis Adenauerplatz, links auf Artur-Ladebeck-Straße, rechts auf Haller Weg und sofort nochmals rechts auf Lutterstraße | **Öffnungszeiten** Besuch nur nach vorheriger Anmeldung unter Tel. 00800/71727374 oder service@oetker.de | **Tipp** Von der Dr. Oetker Welt lohnt sich ein Ausflug in den nur sechs Autominuten entfernten Tierpark Olderdissen.

14__Das GlückundSeligkeit

Wer speiset, wird selig

Oblaten zum Abendmahl? Choräle, die von den Gemeindemitgliedern gesungen werden? Holzbänke als Sitzgelegenheit? Das mag es in anderen Gotteshäusern geben, aber nicht in der Bielefelder Martini-Kirche. Hier lümmelt man sich in bequemen Loungesesseln, lässt es sich mit frischen Pappardelle an Kalbsragout gut gehen und feiert gelegentlich bei heißen Club-Sounds. Und das alles mit dem Segen der Kirche? Ja, tatsächlich.

Die Ende des 19. Jahrhunderts erbaute, neugotische Martini-Kirche war seit jeher eine Wegmarke im Ortsteil Gadderbaum. Seit 1975 wurde sie jedoch von der evangelischen Gemeinde nicht mehr genutzt, sondern einer griechisch-orthodoxen Gemeinde zur Verfügung gestellt, die ihrerseits im Jahr 2002 auszog. 2003 kam ein Gastronom und nahm sich des stark sanierungsbedürftigen Gebäudes an. Die Kirche war einverstanden, verkaufte das Haus für einen symbolischen Euro und verpachtete das Grundstück an den neuen Eigentümer. Ein Schnäppchen war es trotzdem nicht: Die Sanierungsmaßnahmen, die Um- und Anbauten sowie die neue Innenausstattung schlugen mit zwei Millionen Euro zu Buche. Außerdem erbat sich die Gemeinde ein Mitspracherecht bei der architektonischen Neugestaltung. Schließlich soll die Kirche trotz der Zweckentfremdung jederzeit wieder für Gottesdienste genutzt werden können, falls der Gastronom seinen Betrieb aufgibt.

Danach sieht es derzeit aber ganz und gar nicht aus. Das außergewöhnliche Ambiente, gepaart mit einer hochwertigen und ansprechenden Küche, zieht die Besucher an. Im Haupt- und Seitenschiff der Kirche befindet sich ein Bistro mit circa 250 Sitzplätzen. Dazu kommen im Obergeschoss ein Restaurant mit Platz für 70 Gäste, ein Lounge-Bereich auf einer modernen Konstruktion aus Stahlbeton, welche die hölzerne Orgelempore ersetzt, und ein schöner Biergarten im Außenbereich. Hier findet sicher jeder das passende Plätzchen für sich. Amen.

Adresse Artur-Ladebeck-Straße 57, 33617 Bielefeld, www.glueckundseligkeit.de | **Anfahrt** A 2 Ausfahrt Bielefeld-Zentrum, B 66 Richtung Zentrum, nach circa 7,5 Kilometern rechts auf Artur-Ladebeck-Straße | **Öffnungszeiten** Mo–Sa ab 9 Uhr, So und Feiertage ab 10 Uhr | **Tipp** Wer vor oder nach dem Mittagessen für zehn Minuten in sich kehren will, der kann in der Kirche St. Jodokus am Klosterplatz die Gebetszeiten des City-Klosters nutzen (Di bis Sa 12.20 Uhr).

15 Die Kunsthalle

Große Kunst, umstrittener Name

Dass die Kunsthalle Bielefeld eines der bedeutendsten nordrhein-westfälischen Museen für zeitgenössische Kunst ist, ahnt man schon, wenn man davorsteht. Die würfelförmige Architektur aus rotem Sandstein, durchbrochen von Glasflächen, mutet zeitlos modern und kosmopolitisch an. Kein Wunder, wurde sie doch in den 1960er Jahren von dem amerikanischen Architekten Philip Johnson entworfen, der auch am New Yorker Museum of Modern Art gewirkt hat. Eine solch beeindruckende Hülle weckt beim Besucher natürlich Erwartungen – denen der Inhalt des Museums mehr als gerecht wird. Die Sammlung umfasst Kunst des 20. und 21. Jahrhunderts, darunter Werke von Picasso, Max Beckmann sowie Künstlern der Brücke und des Blauen Reiters. Außerdem ziehen die vier jährlichen Wechselausstellungen regelmäßig Besucherscharen in die Kunsthalle. Bei absoluten Highlights, wie der drei Monate laufenden Ausstellung »Emil Nolde – Begegnung mit dem Nordischen« im Jahr 2008, kommen schon mal rund 74.000 Besucher.

Die Bielefelder sind zu Recht stolz auf ihre Kunsthalle, die auch den internationalen Vergleich nicht scheuen muss. Doch sie waren es nicht immer. Der Stifter der Kunsthalle, Rudolf-August Oetker, bat darum, der Kunsthalle den Beinamen Richard-Kaselowsky-Haus zu geben, im Gedenken an seinen verstorbenen Stiefvater. Der Stadtrat kam dem Wunsch nach, und in der Öffentlichkeit regte sich breiter Protest dagegen. Kaselowsky war aufgrund seiner Verstrickungen in das NS-Regime umstritten. Die Entscheidung der Stadt kam auch bei den geladenen Ehrengästen für die Eröffnungsveranstaltung nicht gut an. Führende Landes- und Bundespolitiker wollten nicht teilnehmen, woraufhin die gesamte Veranstaltung mit 1.200 geladenen Gästen abgesagt wurde.

1998 wurde der Beiname ersatzlos gestrichen, nur eine kleine Gedenktafel im Eingangsbereich erinnert noch an den ehemaligen Namensgeber.

Adresse Artur-Ladebeck-Straße 5, 33602 Bielefeld, www.kunsthalle-bielefeld.de | **Anfahrt** A 2 Ausfahrt Bielefeld-Zentrum, B 66 Richtung Zentrum, nach circa 7,5 Kilometern rechts auf Artur-Ladebeck-Straße | **Öffnungszeiten** Di–So 11–18 Uhr, Mi 11–21 Uhr, Sa 10–18 Uhr | **Tipp** Am nahe gelegenen Alter Markt befindet sich das Crüwell-Haus mit seinem eindrucksvollen Treppengiebel.

16 Das Museum Wäschefabrik

Ein Zeitsprung ins vergangene Jahrhundert

Es gibt nichts Langweiligeres als ein Museum, das lediglich aus einem Sammelsurium von zusammengetragenen Ausstellungsstücken besteht. Im Bielefelder Museum Wäschefabrik findet man genau das Gegenteil: ein echtes Stück Industriegeschichte.

1913 vom jüdischen Unternehmer Hugo Juhl errichtet, wurden in diesem Gebäude Tisch- und Bettwäsche, Herrenhemden und Damenwäsche produziert. Nach dem Zwangsverkauf im Jahr 1938 wurden noch bis 1980 Wäschestücke gefertigt. Danach standen die Nähmaschinen still und die Räumlichkeiten leer. Sechs Jahre später entdeckte ein Fotograf, der auf Motivsuche im Bielefelder Spinnereiviertel unterwegs war, das Fabrikgebäude, in dem es aussah, als ob die Näherinnen gerade eben erst Feierabend gemacht hätten. Und genau so präsentiert sich das Museum auch heute noch: Die Nähmaschinen stehen unverändert an ihrem Platz, Stoffe liegen in den Regalen, und fertige Hemden hängen bereit zum Verkauf. Auch im Pausenraum, den Büros und den Privaträumen der Unternehmer sieht alles noch aus wie an einem ganz normalen Arbeitstag in den 1960er oder 1970er Jahren.

Zu verdanken ist dies Bielefelder Bürgern, die mit ihrem Engagement erreichten, dass die gesamte Fabrik 1987 unter Denkmalschutz gestellt wurde. Als Interessengemeinschaft setzten sie die Umgestaltung der Räumlichkeiten zu einem Museum durch. So ist in der Leineweberstadt Bielefeld ein Stück ihrer textilen Industriegeschichte erlebbar geworden. Zusätzlich zu den original erhaltenen Produktions- und Arbeitsräumen gibt es in der Wäschefabrik wechselnde Sonderausstellungen zu sehen. Außerdem verwandelt sich die Unternehmervilla einmal im Monat zum »Kleinen Kultursalon« mit Musik, Kabarett oder Lesungen. Und wer ein Stück Textilgeschichte mit nach Hause nehmen möchte, kann sich ein für die 1950er und 1960er Jahre typisches Babydoll nach originalem Schnittmuster nähen lassen.

Adresse Viktoriastraße 48a, 33602 Bielefeld, www.museum-waeschefabrik.de | **Anfahrt** A 2 Ausfahrt Bielefeld-Zentrum, B 66 Richtung Zentrum, rechts auf Teutoburger Straße, links auf Viktoriastraße, das Museum befindet sich im Hinterhof | **Öffnungszeiten** So 11–18 Uhr | **Tipp** Vom Museum aus finden regelmäßige Führungen durch das Bielefelder Spinnereiviertel statt. Hier erfährt man, wie der Faden über das Weben zum fertigen Kleidungsstück wird.

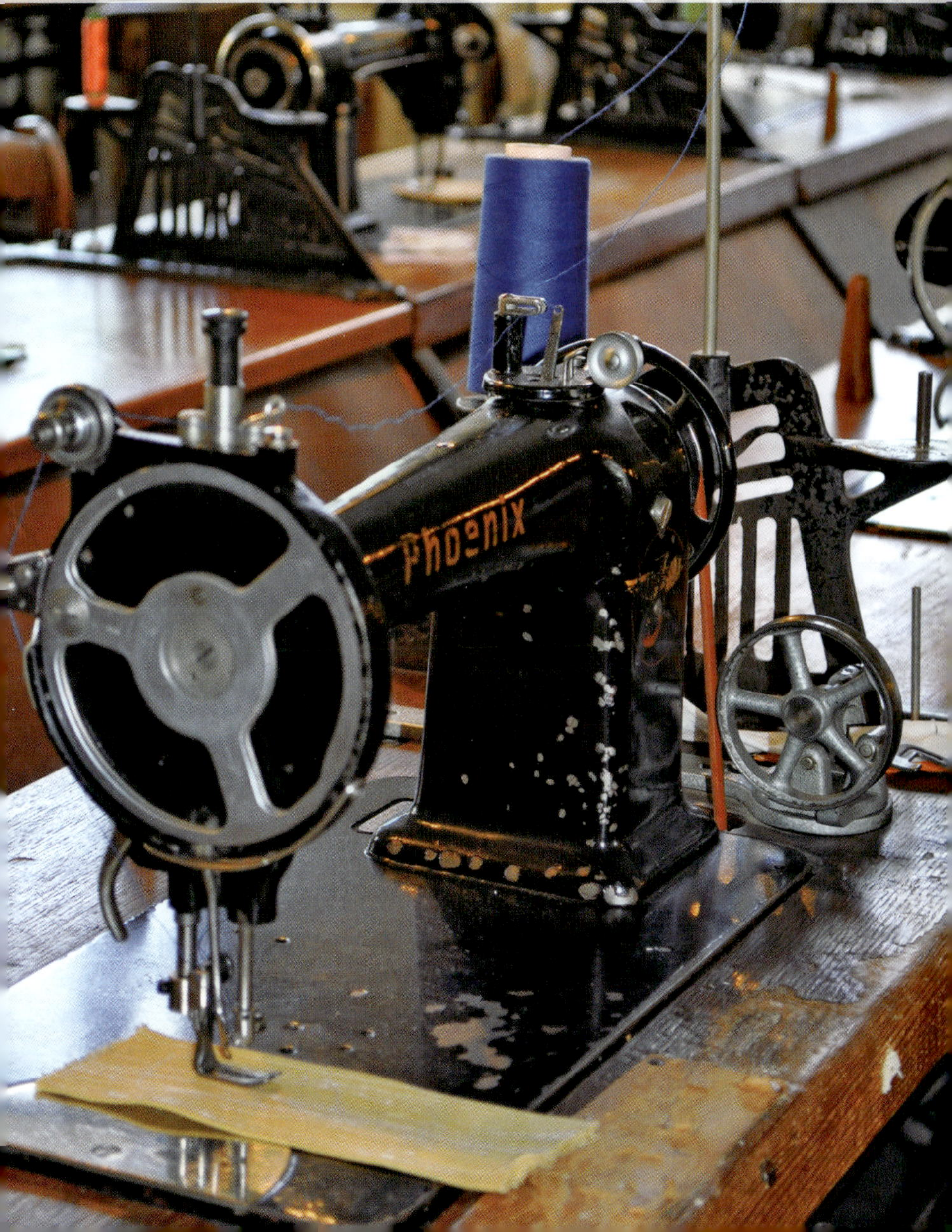

17 Die Ravensberger Spinnerei

Die Rettung des Bielefelder Leinengewerbes

Mitten in Bielefeld erhebt sich ein eindrucksvolles Kalksteingebäude, das mit seinen angedeuteten Zinnen und Türmchen an ein englisches Schloss erinnert. Zum Gebäude gehört außerdem eine gepflegte Parkanlage. Hier gingen aber keine Adelsleute ein und aus, sondern einfache ArbeiterInnen. Das »Fabrikschloss«, wie es die Bielefelder passenderweise nannten, beherbergte nämlich die in der Mitte des 19. Jahrhunderts größte Flachsspinnerei Kontinentaleuropas.

Die 1854 gegründete Ravensberger Spinnerei bewahrte das in Bielefeld traditionsreiche Leinengewerbe nicht nur vor dem Niedergang, sondern verhalf ihm sogar zu einem neuen Aufstieg. Denn die industrialisierte Konkurrenz von den Britischen Inseln war groß. Und so taten sich einflussreiche Bielefelder Leinenkaufleute unter Führung von Hermann Delius zusammen, um eine mechanische Spinnerei aufzubauen. Dabei schaute man nicht nur in Sachen Technik aufs Königreich, sondern auch bei der Architektur.

Hierfür soll Ferdinand Kaselowsky verantwortlich gewesen sein. Er war der erste Direktor der Spinnerei und zuvor einige Jahre als Maschinenbauer in englischen Textilbetrieben tätig gewesen. Offenbar hatte er bei seinen Geschäftsreisen auch die Architektur mittelalterlicher Burgen studiert, denn an diese erinnert die Ravensberger Spinnerei. Ende des 19. Jahrhunderts war die Spinnerei mit 1650 Beschäftigten der bedeutendste Industriebetrieb Bielefelds.

Heute beherbergt das Fabrikschloss die Volkshochschule. In den anderen Gebäuden befinden sich gastronomische Einrichtungen, eine Diskothek, ein Kino, ein Museum für Kunst und Design und das Historische Museum Bielefeld. Letzteres widmet sich unter anderem der Geschichte der Ravensberger Spinnerei. Keine Frage, der Ravensberger Park, wie der Gesamtkomplex genannt wird, hat sich von einem industriellen zu einem kulturellen Zentrum der Stadt gewandelt.

Adresse Ravensberger Park 1, 33607 Bielefeld, www.ravensberger-park.de | **Anfahrt** A 2 Ausfahrt Bielefeld-Zentrum, B 66 Richtung Zentrum, rechts auf Teutoburger Straße, bis zur Kreuzung Heeper Straße | **Tipp** Im Spiegelshof, einem ehemaligen Adelshof, befindet sich das Naturkundemuseum, das mit einer ungewöhnlichen Ausstellung überrascht, www.namu-ev.de.

18 Die Rudolf-Oetker-Halle

Schuhschachtel mit ausgezeichnetem Klang

Kein Name ist stärker mit Bielefeld verbunden als der des Familienunternehmens Oetker. Da überrascht es nicht, dass die bedeutendste Konzerthalle der Stadt ebenfalls diesen berühmten Namen trägt. Aber der 1930 eingeweihte Bau wurde nicht nach dem Firmengründer August Oetker benannt, sondern nach seinem Sohn Rudolf, der im Ersten Weltkrieg gefallen war. Rudolf Oetker spielte selbst Klavier und Orgel und hatte zu Lebzeiten geäußert, dass seine Heimatstadt Bielefeld eine »vernünftige« Konzerthalle benötige. Diese Idee wurde nach seinem Tod durch die Stiftung seiner Mutter umgesetzt.

Und diese Umsetzung hätte den musikbegeisterten Rudolf stolz gemacht. Die Halle, die seinen Namen trägt, zählte in den 50er Jahren zu den besten Konzerthallen weltweit. Kein Wunder, dass sich hier die renommiertesten Dirigenten die Klinke in die Hand gaben. Auch heute noch steht die Rudolf-Oetker-Halle für einmalige Akustik. Dafür verantwortlich ist der schlichte, rechteckige Grundriss des Großen Saals, der nach dem sogenannten »Schuhschachtel-Prinzip« konstruiert wurde. Dabei sorgt das perfekte Verhältnis von Länge, Breite und Höhe des Raumes für eine gute Streuung der Klänge. Die edle dunkle Holzverkleidung ergänzt diese Architektur optimal: Durch die Musik werden die Hölzer in Schwingung versetzt und tragen ebenfalls zu dem einzigartigen Klangerlebnis in der Halle bei.

Aber nicht nur die Akustik beeindruckt die Besucher, sondern auch die monumentale Optik des Gebäudes. »Die Neunte«, so der Titel des Architekturentwurfs, besticht durch klare Linien und einfache Strukturen. Und immer wieder durch Zahlenspiele. So sind die meisten Elemente, wie die Bögen am Portal oder die Fensterachsen an den Seitenrängen, in ungerader Anzahl vorhanden.

Das Programm ist mittlerweile breit gefächert. So werden neben klassischen Konzerten unter anderem auch Musicals und sogar Comedyshows aufgeführt.

Adresse Lampingstraße 16, 33615 Bielefeld, www.rudolf-oetker-halle.de | **Anfahrt** A 2 Ausfahrt Bielefeld-Zentrum, B 66 Richtung Zentrum, rechts auf Artur-Ladebeck-Straße, links auf Stapenhorststraße, links auf Lampingstraße | **Öffnungszeiten** zu den Veranstaltungen | **Tipp** Der benachbarte Bürgerpark, einst aus einer aufgelassenen Tongrube entstanden, ist ein beliebtes Naherholungsziel der Bielefelder.

19 Der Schildescher Viadukt

Unzerstörbar – bis zum Grand Slam

Seit Mitte des 19. Jahrhunderts überquert der Schildescher Viadukt das Johannisbachtal, um Fahrgäste und Güter auf der Bahnstrecke Hamm–Minden zu befördern. Seither hat sich die Landschaft um den Viadukt herum stark verändert. 1982 wurde der Johannisbach durch eine östlich des Viadukts gelegene Talsperre aufgestaut. Entstanden ist dadurch der Obersee, ein beliebtes Freizeitziel der Bielefelder. Der Viadukt thront seitdem markant über dem Ostufer des Sees, am Rand des Bielefelder Ortsteils Schildesche.

Doch so ruhig und malerisch wie heute ging es hier nicht immer zu. Im Zweiten Weltkrieg wurde das Wahrzeichen zum Fluch für die Bewohner. Denn der Schildescher Viadukt zählte für die Alliierten – ebenso wie der imposante Altenbekener Viadukt – zu den wichtigsten Eisenbahnbrücken Deutschlands. Somit war sein Schicksal besiegelt: Im November 1944 war der Viadukt das Ziel von Tausenden Spreng- und Brandbomben der amerikanischen Luftwaffe. Hunderte Menschen starben – doch die Talbrücke selbst blieb unversehrt.

Die britische Luftwaffe rückte schließlich am 14. März 1945 mit der neu entwickelten »Grand Slam«-Bombe an, der bis heute schwersten Fliegerbombe, die jemals in einem Krieg eingesetzt wurde. Der Viadukt wurde getroffen, sechs seiner Pfeiler knickten ein, und die Brücke war nicht mehr passierbar. Es war die größte Explosion auf deutschem Boden. Die Alliierten hatten damit ihr Ziel erreicht und stellten die Luftangriffe ein. Für die Schildescher Bürger hatte der Schrecken ein Ende, es kehrte wieder Ruhe am Himmel ein. Aber für diese hatten sie einen hohen Preis bezahlen müssen: Die Druckwelle kostete mindestens 50 Menschen das Leben. Gleichzeitig riss die Detonation ein 18 Meter tiefes und 60 Meter breites Loch, das an die bitterste Stunde von Schildesche erinnerte. An dieser Stelle befindet sich mittlerweile die Johannisbachtalsperre – der heutige Obersee.

Adresse Talbrückenstraße, 33611 Bielefeld-Schildesche | **Anfahrt** A 2 Ausfahrt Ostwestfalen-Lippe, Ostwestfalenstraße Richtung Bielefeld-Altenhagen, Beschilderung Bielefeld-Altenhagen bis auf Elverdisser Straße folgen, weiter auf Altenhagener Straße, rechts auf Milser Straße, der Vorfahrtstraße folgen, links auf B 61 (Herforder Straße), rechts auf Talbrückenstraße bis zum Parkplatz am Viadukt | **Tipp** Im Sommer bietet sich eine Tour um den See mit dem Fahrrad oder zu Fuß an (3,5 Kilometer), im Winter manchmal sogar eine Eispartie auf dem See.

20_Der Sennefriedhof

Einer für alle

Wer in Bielefeld das Zeitliche segnet, der muss sich keine Sorgen um den Verbleib seiner sterblichen Überreste machen. Auf einem der 18 städtischen Friedhöfe findet jeder das passende Plätzchen. Die meisten Bielefelder führt der letzte Gang in den Süden der Stadt – zum Sennefriedhof. Mit seinen rund 100 Hektar ist er nicht nur der größte Friedhof in Bielefeld, sondern auch einer der größten in ganz Deutschland.

Als die bestehenden Begräbnisstätten zu Beginn des 20. Jahrhunderts nicht mehr ausreichten, musste eine neue Fläche erschlossen werden. Die Senne mit ihrem sandigen, nur wenig fruchtbaren Boden erwies sich dafür als ideal: Das Gelände konnte preiswert erworben werden und war größtenteils naturbelassen.

Doch die Stadtväter suchten nicht nur einen billigen Platz, wo sie ihre Bewohner unter die Erde bringen konnten, sondern wollten gleichzeitig ein Stück Lebensqualität schaffen. Daher sollten sich Gräber und Wege harmonisch in die von Birken, Eichen und Grasheide bewachsene Landschaft einfügen. So ist mit dem Friedhof ein wertvolles ökologisches Biotop inmitten der Stadt entstanden. Neben dem großen Baumanteil finden sich hier 98 verschiedene Moosarten, von denen 20 Prozent nur noch selten in Nordrhein-Westfalen zu finden sind.

Doch der Sennefriedhof ist nicht nur für Naturliebhaber einen Besuch wert. Kulturinteressierte können hier Grabplastiken von namhaften Künstlern wie Käthe Kollwitz und Peter August Böckstiegel sehen oder der im Jugendstil erbauten Alten Kapelle einen Besuch abstatten. Und auch bei den Bestattungen, der eigentlichen Aufgabe des Sennefriedhofs, bleiben keine Wünsche offen: Erd- und Urnengräber, Felder für anonyme Bestattungen, Baumgrabstätten, ein Aschestreufeld, spezielle Grabfelder für islamische, jesidische und orthodoxe Bestattungen – der Sennefriedhof bietet alles … und noch ein bisschen mehr.

Adresse Brackweder Straße, Ecke Friedhofstraße, 33659 Bielefeld-Senne | Anfahrt A 2 Ausfahrt Bielefeld-Sennestadt, links auf B 68 Richtung Bielefeld-Brackwede, circa 3,5 Kilometer bis zum Parkplatz Brackweder Straße, Ecke Friedhofstraße | Öffnungszeiten jederzeit zugänglich | Tipp Im Museumshof Senne (Buschkampstraße 75) lässt es sich vortrefflich speisen.

21 Die Sparrenburg

Rückkehr eines Wahrzeichens

Sie thront hoch über der Stadt Bielefeld und ist ihr Wahrzeichen – die Sparrenburg. Wann genau sie errichtet wurde, ist nicht ganz klar. Erstmals urkundlich erwähnt wurde sie im Jahr 1256. Es wird aber vermutet, dass schon zu Beginn des 13. Jahrhunderts eine Befestigungsanlage auf dem Sparrenberg existierte. Denn Stadtgründungen wurden meist im Schutzbereich einer Burg vorgenommen, und Bielefeld hatte bereits 1214 das Stadtrecht erhalten. Außerdem ist der Grundriss des Turmes nicht rund, sondern tropfenförmig. Eine architektonische Besonderheit, die zu Beginn des 13. Jahrhunderts im Burgenbau des französischen Hochadels gebräuchlich war.

Wenn auch die Umstände ihrer Entstehung unklar sind, ist dafür umso besser dokumentiert, wie es mit der Burg weiterging. Als Herrschaftszentrum der Grafen von Ravensberg sollte sie gleichzeitig den wichtigen Pass durch den Teutoburger Wald sichern. Im 16. Jahrhundert wurde die Sparrenburg erweitert und zur Festung ausgebaut.

In diesem Zusammenhang ist auch ihr unterirdisches Gang- und Raumsystem entstanden. Fast 300 Meter lang erstrecken sich die Gänge unterhalb der Oberfläche und verbinden die angriffssicheren Gefechtsstationen miteinander.

Ab dem ausgehenden 17. Jahrhundert verfiel die gesamte Burganlage zunehmend. Im 18. Jahrhundert wurden sogar die Außenmauern abgetragen, um sie als Baumaterial weiterzuverwenden.

Das Ende der Festung wäre damit eigentlich besiegelt gewesen, wenn nicht Mitte des 19. Jahrhunderts die alte Befestigungsanlage im Zuge der aufkommenden Burgenromantik wiederentdeckt worden wäre. Um das historische Denkmal zu retten, wurden Geldspenden eingetrieben und die Burg, beginnend mit dem Turm, wiederaufgebaut. Zwar nicht ganz originalgetreu, aber dennoch so eindrucksvoll, dass die Stadt ihr Wahrzeichen endlich wiederhatte und es bis heute nicht mehr hergegeben hat.

Adresse Am Sparrenberg 38, 33602 Bielefeld | **Anfahrt** A 2 Ausfahrt Bielefeld-Zentrum, B 66 Richtung Zentrum, links auf Loebellstraße, rechts auf Richard-Wagner-Straße, links auf Am Sparrenberg | **Tipp** Der südöstliche Teil des Gangsystems kann im Sommer besichtigt werden. Im anderen Teil leben zwölf verschiedene Fledermausarten, die nur bei drei Führungen pro Jahr gestört werden dürfen.

22 Der Waldhof

Hier ist Bielefeld aus dem Ei geschlüpft

Unter der Bielefelder Adresse »Welle 61« findet man den Waldhof. Er ist einer von ehemals 17 Adelshöfen, von denen heute nur noch wenige in der Innenstadt erhalten sind. Das Gebäude im Stil der Weserrenaissance besitzt einen der schönsten Innenhöfe Bielefelds. Es stammt aus dem 16. Jahrhundert und gilt als Keimzelle der Stadt. – Bielefeld-Kenner mit einer geschichtlichen Grundbildung haben den Fehler in diesem Satz sicher schon entdeckt: Die Stadt ist älter, sie wurde bereits im Jahr 1214 von Graf Hermann von Ravensberg gegründet. Selbst die Neustadt wurde schon zum Ende des 13. Jahrhunderts urkundlich erwähnt. Eine erste Siedlung soll es hier sogar schon vor dem 9. Jahrhundert nach Christus gegeben haben. Dies belegen Gefäßscherben, die bei Ausgrabungen an der Welle entdeckt wurden, nur wenige Meter vom Waldhof entfernt. Irgendwann zwischen 855 und 865 kam dann die erste schriftliche Erwähnung.

Aber was hat es nun mit der Keimzelle im Waldhof auf sich? Die sichtbare spätgotische Architektur ist das Ergebnis einer größeren Umbaumaßnahme aus dem Jahr 1585. Im Kern ist das Gebäude weitaus früher entstanden, noch vor der Stadtgründung. Das älteste erhaltene Bauwerk der Stadt ist der Hof aber trotzdem nicht. Diesen Titel trägt ein Brunnen aus dem Jahr 1000, der ebenfalls an der Welle ausgegraben wurde. In diesem Umfeld muss also die erste Besiedelung des Ortes stattgefunden haben. Die Welle entpuppte sich bei den Ausgrabungen als Sanddüne. Die Siedlung lag auf ihrem Rücken, um die Häuser vor dem Hochwasser, das der vorgelagerte Bach regelmäßig führte, zu schützen.

Mittlerweile ist im Waldhof ein Museum untergebracht. Dieses widmet sich allerdings nicht der Historie des Ortes, sondern zeitgenössischer Kunst. Der Bielefelder Kunstverein, der mit rund 1.000 Mitgliedern einer der bedeutendsten in Deutschland ist, hat hier seit 1984 sein Zuhause.

Adresse Welle 61, 33602 Bielefeld, www.bielefelder-kunstverein.de | Anfahrt A 2 Ausfahrt Bielefeld-Zentrum, B 66 Richtung Zentrum, auf Höhe Kreuzstraße rechts in Schmale Gasse, links auf Neustädter Straße, links auf Waldhof, rechts auf Welle | Öffnungszeiten Do–Fr 15–19 Uhr, Sa–So 12–19 Uhr | Tipp Ganz in der Nähe befindet sich die Archäo-Welle. Das in ein Gebäude integrierte Bodendenkmal zeigt die archäologischen Funde, die an der Welle ausgegraben wurden.

23 Die Stadt und das Burghotel

Mittelalterlicher Charme und ganz viel Fachwerk

Wer einmal ins Mittelalter entführt werden will, der sollte unbedingt nach Blomberg fahren. Inmitten des Blomberger Beckens, einem flachen Gebiet, das rundherum von bewaldeten Bergrücken umgeben ist, erhebt sich eine Burg über die umliegende Landschaft. Ihr vorgelagert ist ein pittoreskes Städtchen, dessen Ursprung nicht ganz klar ist.

Zwischen dem 6. und 8. Jahrhundert soll die Gegend um Blomberg von den alten Sachsen in ihrem Expansionsdrang besiedelt worden sein. Ein paar 100 Jahre später, in der ersten Hälfte des 13. Jahrhunderts, entdeckten die Edelherren von Lippe und die Grafen von Schwalenberg und Sternberg den Ort für sich. Kein Wunder, kreuzten sich hier doch drei wichtige mittelalterliche Fernhandelswege. Geschützt von steilen Hängen im Süden und Westen errichteten sie eine Burg als Festung. Nach Osten und Norden bauten sie Wälle, Gräben und Mauern, um die Stadt zu sichern. Das Niederntor zeugt noch heute von den alten Wehranlagen. Wie natürlich auch die Burg selbst, die ebenfalls noch erhalten ist. Allerdings nicht im Original. In der sogenannten Soester Fehde Mitte des 15. Jahrhunderts wurde die Anlage zerstört und später mit drei Flügeln wiederaufgebaut. Diese Fehde ist auch dafür verantwortlich, dass das genaue Datum der Stadtgründung im Dunkeln liegt, denn während der Kämpfe wurden alle Schriftstücke, die möglicherweise Aufschluss darüber hätten geben können, zerstört.

Heute befindet sich in der Burganlage ein attraktiver Hotelbetrieb. So attraktiv, dass sogar der ehemalige Bundeskanzler Gerhard Schröder seinen Amtskollegen Jacques Chirac hierher zu einem Empfang lud. Damit rückte der berühmteste Sohn der Stadt – Schröder erblickte in der Blomberger Ortschaft Mossenberg-Wöhren das Licht der Welt – seine lippische Heimat im Jahr 2005 für ein paar Tage in den Fokus der deutsch-französischen Öffentlichkeit.

Adresse 32825 Blomberg | **Anfahrt** A 33 Ausfahrt Paderborn-Elsen, B 1 Richtung Hameln, Detmold, nach knapp 40 Kilometern ist das Zentrum Blombergs erreicht | **Tipp** Von Blomberg aus sollte man eine Tour zum nahe gelegenen Schiedersee einplanen. Einst zum Schutz vor Hochwasser angelegt, ist er heute eines der beliebtesten Naherholungsziele der Umgebung.

24 Die historische Barockorgel

Ein Bauwerk mit bewegter Vergangenheit

Kann ein Musikinstrument ein Denkmal von nationaler Bedeutung sein? Ja. Wenn es mehr als 350 Jahre alt ist. Wenn an ihm mehrere Baumeistergenerationen über 200 Jahre lang gearbeitet haben, indem sie es erweitert, umgebaut und modernisiert haben. Wenn an ihm die verschiedenen Stilepochen der vergangenen Jahrhunderte ablesbar sind. Und wenn es sich mit seiner Bauweise und seinem Klang von allen anderen seiner Art abhebt. Ein solches Musikinstrument ist die Barockorgel in der Borgentreicher Pfarrkirche St. Johannes Baptist.

Ihren Ursprung hat die Orgel im frühen 17. Jahrhundert, als sie im Renaissance-Stil für das Kloster Dalheim erbaut wurde. Zu Beginn des 18. Jahrhunderts wurde sie im Stile des Barock umgestaltet und erweitert. Knapp 100 Jahre später kam der Umzug: Als das Kloster Dalheim 1803 aufgelöst wurde, erwarb die Stadt Borgentreich die Orgel. Für die damals bestehende Kirche musste das Instrument jedoch erst einmal verkleinert werden, um hineinzupassen.

Nur 33 Jahre später musste die Barockorgel schon wieder umziehen. Diesmal an ihren endgültigen Standort, die neu erbaute Kirche St. Johannes Baptist. Damit konnte die Orgel wieder auf ihre alte Größe erweitert und später akustisch im Stile der Romantik überarbeitet werden. Doch dann hatte sie es geschafft: Nach ihrer bewegten Vergangenheit darf die Orgel seit dem 20. Jahrhundert endlich ruhen. Lediglich zwei Restaurierungen fanden statt, nachdem man ihre Einzigartigkeit und Bedeutung erkannt hatte.

Doch egal, wie viel Geschichte, Baumaßnahmen und technische Besonderheiten in dieser Orgel stecken – auch wer davon nichts versteht, gerät nach dem Betreten der Kirche allein bei ihrem Anblick ins Staunen. Die imposante Mächtigkeit gepaart mit den filigranen Verzierungen, ausgeschmückt mit reichlich Blattgold, lassen keinen Zweifel aufkommen: Dieses Musikinstrument hat nationale Bedeutung!

Adresse (gegenüber von) Marktstraße 6, 34434 Borgentreich, www.barockorgel-borgentreich.de | **Anfahrt** A 44 Ausfahrt Warburg, Richtung Brakel, Beverungen fahren (B 252), bei Hohenwepel rechts und anschließend links, um auf B 241 Richtung Beverungen zu fahren, kurz vor Borgentreich links auf Mühlenberg, dann rechts auf Marktstraße | **Öffnungszeiten** in Verbindung mit einem Besuch des gegenüberliegenden Orgelmuseums: Do–So 14–17 Uhr, Sa 10–12 und 14–17 Uhr, Nov.–März nur Sa und So; Führungen und Orgelvorführungen für Gruppen jederzeit nach Vereinbarung (Tel. 05643 / 1212 oder 8090) | **Tipp** Gegenüber der Kirche befindet sich das Orgelmuseum. Hier erfährt man beispielsweise, warum eine Orgel kein Tasten-, sondern ein Blasinstrument ist.

25 Der Bökerhof

Hier entstand Weltliteratur

Gut Bökerhof – auf den ersten Blick nur eine von vielen Gutsanlagen, wie man sie in Ostwestfalen häufig findet. Auf den zweiten aber eine mit einer außergewöhnlichen kulturellen Historie. Das Anwesen gehörte nicht irgendwem, sondern seit dem 14. Jahrhundert den Freiherren von Haxthausen, die zum Paderborner Uradel zählten.

Das Herrenhaus wurde im 18. Jahrhundert errichtet und sollte im frühen 19. Jahrhundert zum Treffpunkt einiger bedeutender Literaten werden. August von Haxthausen war nämlich ein echter Tausendsassa – nicht nur Landwirt und Agrarwissenschaftler, sondern auch Nationalökonom und Jurist sowie Volksliedersammler und Schriftsteller. Gemeinsam mit seinem Bruder Werner, der Staatsbeamter und Philologe war, sowie mehreren seiner Schwestern begründete er den literarisch ambitionierten »Bökendorfer Romantikerkreis«, dessen Zentrum das Gut war.

Annette von Droste-Hülshoff, eine Nichte der von Haxthausens, schloss sich bei ihren Besuchen dem Romantikerkreis an, ebenso die befreundeten Brüder Jacob und Wilhelm Grimm und später auch Hoffmann von Fallersleben. Die Märchensammlung der Gebrüder Grimm entstand unter maßgeblicher Beteiligung von Droste-Hülshoff sowie den Brüdern von Haxthausen und war eine Idee von Clemens Brentano, der ebenfalls zu der illustren Runde gehörte. Auch die zur Weltliteratur zählende »Judenbuche« von Droste-Hülshoff hat ihren Ursprung auf dem Bökerhof. In den Aufzeichnungen ihres Onkels August las sie von einem wahren Mordfall in der näheren Umgebung und verarbeitete diesen in ihrer Novelle.

In Erinnerung an diese kulturelle Vergangenheit hat sich in Bökendorf eine Amateur-Freilichtbühne etabliert, die zu den besucherstärksten in ganz Deutschland zählt. Im Premierenjahr 1950 spielte das Ensemble noch vor dem Gutshaus, im Jahr danach zog die Bühne in den Steinbruch »Am Hasenholz« um, wo sie bis heute beheimatet ist.

Adresse Bökerhof, 33034 Brakel-Bökendorf | **Anfahrt** A 33 Ausfahrt Paderborn, B 64 Richtung Höxter, Bad Driburg nehmen, rechts abbiegen und auf B 64 bleiben, nach 26 Kilometern links auf Brakeler Straße, rechts auf Brunnenstraße, links zur B 252, rechts und anschließend links abbiegen, durch Bellersen nach Bökendorf, am Ortseingang rechts zum Gutshof | **Öffnungszeiten** nur von außen zugänglich | **Tipp** Kultur spielt auch in der Stadt Brakel, zu der Bökendorf gehört, eine wichtige Rolle. Alle zwei Jahre finden hier die »Kulturtage Brakel«, ein niveauvolles Open-Air-Kulturfestival, statt.

26 Der Doberg

Das perfekte Abbild des Oligozäns

Bünde. Eine mittelgroße Stadt in Ostwestfalen-Lippe. Im Rest der Republik nur wenig bekannt. Unter Geologen jedoch eine Berühmtheit. Und das sogar weltweit. Der Grund dafür ist der Doberg, denn hier lagern Unmengen an Fossilien und Sedimenten aus der Zeit des Oligozäns. Eigentlich nichts Besonderes, so etwas gibt es schließlich auch anderswo. Aber bislang ist kein Ort auf der Welt bekannt, wo die einzelnen Sedimentschichten der rund zehn Millionen Jahre langen Epoche so gut und nahezu vollständig erhalten sind.

In früheren Jahrhunderten interessierten sich die Menschen herzlich wenig für die Schätze, die im Gestein verborgen waren. Für sie lag der Wert des kalkhaltigen Materials, das die Landschaft hier prägt, darin, dass es die Bodenfruchtbarkeit verbesserte. So wurde am Doberg lange Zeit Mergelstein abgebaut und auf die Felder in der Umgebung gestreut. Als irgendwann neben den üblichen Muscheln und Seeigeln der Schädel eines Zahnwales und Skelettreste einer Seekuh im Doberg entdeckt wurden, sorgte dies unter Geologen für Aufruhr. Anhand dieser und weiterer Funde in Ostwestfalen und Niedersachsen konnte nachgewiesen werden, dass die Nordsee vor vielen Millionen Jahren bis hierher reichte.

Da die Gesteinsschichten im Doberg so gut erhalten waren, kamen 1971 Geologen aus aller Welt in Bünde zusammen und erklärten den Berg zum Stratotypus. Er bietet somit für das Zeitalter des Oligozäns die wissenschaftliche Vorlage, um geologische Funde aus anderen Regionen zeitlich genau einordnen zu können. Der unkontrollierte Abbau von Gestein wurde damit gestoppt. Sowohl für die Bodendüngung als auch für die privaten Fossiliensammler. Der Doberg ist jetzt ein Naturschutzgebiet und ein paläontologisches Denkmal. Aber seine Vergangenheit als Abbaugebiet für Mergel ist durch die vielen steilen Hänge trotzdem sichtbar. Nur mit ein bisschen mehr Wildwuchs darauf.

Adresse Kühlenweg, 32257 Bünde-Südlengern | Anfahrt A 30 Ausfahrt Hiddenhausen, Richtung Bünde auf Herforder Straße, rechts auf Meyerstraße, nach dem Übergang in die Albert-Schweitzer-Straße führt nach links ein etwas versteckt gelegener Fußweg (Kühlenweg) zum Doberg | Tipp Die 30 Millionen Jahre alten Funde aus dem Doberg sind im Doberg-Museum in der Innenstadt zu sehen.

27 Dünner-Lehmbrot-Verfahren

Günstiger Wohnraum für alle

Wer zu einer Mission aufbricht, der möchte etwas in die Welt hinaustragen. Manchmal aber bringt der Missionar auch etwas von seiner Reise mit nach Hause. Genau so erging es dem Bielefelder Pastor Gustav von Bodelschwingh, dem Sohn des berühmten Gründers der Heilanstalten in Bethel. Von 1912 bis 1918 war er im damaligen Deutsch-Ostafrika als Missionar tätig. Dort lernte er eine für ihn neuartige Lehmbautechnik kennen. In seiner ostwestfälischen Heimat wurde Lehm zumeist in Fachwerkhäusern verbaut.

Zurück in seiner Gemeinde im Bünder Stadtteil Dünne errichtete er 1923 sein Wohnhaus in dieser Bauweise aus sogenannten »Lehmbroten«. Dabei werden Lehmziegel einfach von Hand geformt und anschließend noch feucht und ohne Mörtel aufeinandergesetzt. Um die Lehmbrotwände nicht schutzlos Kälte, Regen, Wind und Sonne auszusetzen, wurden sie zum Schluss mit zwei Lagen Kalkputz versehen. Vorteile dieser Technik: Sie war leicht erlernbar und ungemein kostengünstig. Denn Lehm stand in der damaligen Zeit reichlich zur Verfügung – im Gegensatz zu anderen Baumaterialien. Und da die Wohnungsnot nach dem Ersten Weltkrieg groß war, errichtete die von Bodelschwingh gegründete »Dünner Heimstätte gGmbH« in den darauffolgenden Jahren Hunderte Siedlungshäuser für Arbeiterfamilien in dieser Bauweise. Nicht nur in Dünne, sondern auch für die Kranken-, Heil- und Fürsorgeanstalten Bethel in Bielefeld.

Als weiterer Vorteil erwies sich das Raumklima, das im Inneren eines solchen Lehmhauses herrscht. Im Sommer angenehm kühl, im Winter schön warm. Kein Wunder, dass sich das »Dünner-Lehmbrot-Verfahren« selbst bis ins Bergische Land verbreitete. Allerdings nicht in demselben Ausmaß wie in den Bünder Ortsteilen Dünne und Ennigloh. Noch heute sind einige dieser Lehmbrot-Häuser bewohnt. In der Bodelschwinghstraße finden sich noch viele gut erhaltene Exemplare.

Adresse Bodelschwinghstraße, 32257 Bünde-Dünne | Anfahrt A 30 Ausfahrt Kirchlengern, nach rechts auf B 239 Richtung Lübbecke, links auf Klosterbauerschafter Straße, links auf Stiftstraße, weiter auf Bäderstraße und darauf bleiben, rechts auf Raiffeisenstraße, rechts auf Landwehrstraße, bis zur Bodelschwinghstraße fahren | Tipp Von der Bodelschwinghstraße erreicht man in nur zehn Autominuten das Gut Böckel, wo regelmäßig kulturelle Veranstaltungen stattfinden, Heimstätte Dünne gGmbH, Tel. 05223/960560.

28 Die Zigarrenstadt

Das Havanna Ostwestfalens

»Stadt der Millionäre«. Das hätte der Beiname Bündes zu Beginn des 20. Jahrhunderts sein können. Auf die damals 4.800 Einwohner kam nämlich ein gutes Dutzend Millionäre. Die residierten in prächtigen Villen, die heute noch das Stadtbild schmücken. Und sie hinterließen der Stadt Bünde ihren tatsächlichen Beinamen: »Zigarrenstadt.« Denn mit dem Tabak kam der Reichtum nach Bünde.

Mitte des 19. Jahrhunderts war das in der Region stark verbreitete Leineweberhandwerk am Ende. Es konnte mit der Konkurrenz aus England, die maschinell fertigte, nicht mithalten. Es gab somit viele arbeitsuchende Menschen, die zudem handwerklich geschickt waren. Außerdem bestand mit der Weser ein schneller und kostengünstiger Transportweg für den aus Übersee angelieferten Tabak von Bremen hierher. Also die idealen Voraussetzungen zur Ansiedlung von Zigarrenmanufakturen. Es war Georg Meyer, der 1842 die erste Zigarrenproduktion in Bünde aufbaute. Ein Jahr später gründete Tönnies Wellensiek sein Unternehmen, das um einiges erfolgreicher war und ihm daher den Ruf als Begründer der Bünder Zigarrenindustrie einbrachte. Da Minden-Ravensberg dem Deutschen Zollverein angeschlossen war, eröffnete sich den Unternehmen ein großer, zollfreier Absatzmarkt. Die Zahl der tabakverarbeitenden Unternehmen stieg somit rasant an.

Die Blütezeit des Bünder Zigarrenhandwerks lag in der ersten Hälfte des 20. Jahrhunderts und erreichte nach dem Zweiten Weltkrieg ihren Höhepunkt. In Bünde und Umgebung gab es 245 Betriebe mit mehr als 10.000 Arbeitern. Fast jede dritte in Deutschland gerauchte Zigarre kam aus Bünde.

Obwohl nur eine einzige Manufaktur übrig ist, bleibt in Bünde die glorreiche Zigarren-Vergangenheit unvergessen. Dafür sorgt das »Deutsche Tabak- und Zigarrenmuseum«, das 2010 umfassend renoviert wurde und mit einer modernen Ausstellungstechnik auf die Besucher wartet.

Adresse Fünfhausenstraße 8–12, 32257 Bünde, www.museum.buende.de | **Anfahrt** A 30 Ausfahrt Hiddenhausen, Richtung Bünde fahren, Herforder Straße bis zum Kreisverkehr, 1. Abfahrt auf Marktstraße nehmen, dann gleich links auf Fünfhausenstraße | **Öffnungszeiten** Di–Fr 14–18 Uhr, Sa, So 11–18 Uhr | **Tipp** Bei einem Spaziergang durch die Bünder Innenstadt trifft man immer wieder auf die imposanten Villen der Zigarrenfabrikanten, besonders in der Bahnhofstraße, der Eschstraße und der Hindenburgstraße.

29 Die Kirche Maria Immaculata

Der Blick nach oben ist die Offenbarung

Wenn sie die Kirche Maria Immaculata in der westfälischen Stadt Büren betreten, werden selbst Kunstmuffel und Kirchenverweigerer nicht umhinkommen, für einen kurzen Moment voller Demut innezuhalten.

Vielleicht ist der Vergleich mit der Sixtinischen Kapelle in Rom etwas zu weit hergeholt. Und dennoch: Die Pracht, die einem im Inneren der Kirche entgegenstrahlt, ist atemberaubend. Nämlich dann, wenn man den Kopf in den Nacken legt und die eindrucksvollen Fresken an der Decke betrachtet. Sie sind der Namensgeberin der Kirche, der heiligen Mutter Maria, gewidmet und stellen wichtige Momente aus ihrem Leben dar. Der Maler Joseph Gregor Winck hat hier ein Meisterstück der perspektivischen Deckenmalerei geschaffen. Insbesondere beim Blick zum Fresko über dem Altarraum wirkt es so, als wäre das Gewölbe zum Himmel hin geöffnet. Ein besonderer Effekt wird durch die seitlich in die Dachkuppel eingelassenen Fenster erzielt: Das einfallende Licht lässt das Gemälde regelrecht erstrahlen. So als würde dort oben tatsächlich die Krönung Marias im Himmel stattfinden.

Maria Immaculata ist keine typische Kirche, die im Mittelalter aus der Gemeinde heraus entstanden ist. Das Gotteshaus – im Volksmund Jesuitenkirche genannt – ist erst im 18. Jahrhundert auf Verfügung des letzten Edelherren von Büren erbaut worden. Moritz von Büren vermachte seinen gesamten Nachlass dem Jesuitenorden und sah in seinem Testament vor, dass davon ein Kolleg mit zugehöriger Kirche erbaut werden sollte. Da der Orden jedoch während der 16-jährigen Bauzeit der Kirche aufgelöst wurde, konnte sie nicht wie ursprünglich geplant als Kollegskirche genutzt werden.

Als eines der wenigen sakralen Gebäude nördlich des Mains gleicht Maria Immaculata im Baustil süddeutschen oder auch italienischen Kirchenbauten. Eine weitere Besonderheit dieses wahrlich außergewöhnlichen Gotteshauses.

Adresse Burgstraße, Ecke Jesuitenmauer, 33142 Büren | Anfahrt A 44 Ausfahrt Büren, Richtung Büren fahren, im Kreisverkehr 3. Ausfahrt nehmen, dem Straßenverlauf von Kappellenberg und Bahnhofstraße bis zur Königstraße folgen, nach rechts führt die Bertholdstraße (kann in diese Richtung nicht befahren werden) zur Kirche | Öffnungszeiten ab Sommer 2013: Di–So 10–17 Uhr, öffentliche Führung jeden 3. So im Monat um 16 Uhr | Tipp Das ehemalige Jesuitenkolleg liegt direkt neben der Kirche, wird heute als Gymnasium genutzt und ist ebenfalls sehr ansehnlich.

30__Quax Hangar

Futuristische Behausung für historische Fluggeräte

1941 begeisterte Heinz Rühmann die Kinobesucher in seiner Rolle als »Quax, der Bruchpilot« und sorgte zumindest anderthalb Stunden lang für humorvolle Abwechslung im schweren Alltag während des Zweiten Weltkriegs. Der Bruchpilot ist passenderweise auch Namensgeber des Fliegervereins »Quax«, der am Flughafen Paderborn-Lippstadt seinen Hauptsitz hat. Passenderweise, weil die Flotte des Vereins ausschließlich aus Oldtimer-Maschinen besteht, teilweise so alt, dass der echte Quax damit hätte fliegen können. Eine Udet U 12, wie sie im Film mitspielt, ist in der Quax-Flotte allerdings nicht vertreten. Dafür aber echte Schätze, wie beispielsweise eine Klemm 35 aus dem Jahr 1941.

Die Idee des 2006 gegründeten Vereins: Flugzeuge gehören nicht ins Museum, sondern in die Luft! Und das gilt auch für Oldtimer, sofern sie noch voll funktionsfähig sind. Über 420 Mitglieder zählt der Verein bereits; lauter Menschen mit einem Faible für alte Flugzeuge. Sie packen bei der Instandhaltung mit an, schrauben an den Fluggeräten, führen interessierte Besucher durch den Hangar und helfen durch ihren Beitrag, die Flieger in der Luft zu halten. Ab einem Monatsbeitrag von zehn Euro darf man sogar zu den vereinsinternen Flugstundenpreisen in den Doppeldeckern und anderen Oldies mitfliegen.

Alle anderen müssen leider unten bleiben. Nicht-Mitglieder haben lediglich die Option, die Flugzeuge am Boden zu besichtigen. Hierfür wurde am Paderborn-Lippstadt Airport im Jahr 2010 eigens der Quax Hangar gebaut. Seine futuristische Hallen-Konstruktion aus Glas und Stahlbögen bildet einen herrlichen Kontrast zu den historischen Maschinen, die im Inneren auf ihren nächsten Einsatz oder interessierte Besucher warten. Letztere begeben sich nach der Besichtigung am besten auf die Terrasse der Gastronomie »Triebwerk«. Von dort aus hat man eine ausgezeichnete Sicht auf die startenden und landenden Flugzeuge.

Adresse Flughafenstraße 33, 33142 Büren-Ahden, www.quax-flieger.de | **Anfahrt** A 44 Ausfahrt Büren und der Beschilderung zum Flughafen folgen, der Quax Hangar befindet sich in der Nähe der Parkplätze P4 und P5 | **Öffnungszeiten** März–Nov. So 14–18 Uhr, andere Termine für Gruppen unter fuehrungen@quax-flieger.de buchbar | **Tipp** In der Bürener Innenstadt wurde die historische Mittelmühle an der Mühlenstraße vom Heimatverein zur Erlebnismühle umgebaut.

31 Die Wewelsburg

Bauwerk mit bewegter und auch dunkler Vergangenheit

Burgen, Klöster, Gutshöfe – die vielen gut erhaltenen Anlagen zeugen davon, wie geschichtsträchtig die Region Ostwestfalen-Lippe ist. Schwer begehrt und hart umkämpft war sie – sowohl bei den weltlichen wie auch bei den geistlichen Oberhäuptern. Diese wechselvolle Geschichte spiegelt sich gebündelt an einem Ort wieder – auf der Wewelsburg.

Schon im Frühmittelalter nutzten die Sachsen die sogenannte Wifilisburg zum Widerstand gegen die Ungarn. 1123 errichtete Friedrich von Arnsberg an dieser Stelle seine gräfliche Burganlage. Von 1603 bis 1609 gestalteten die Paderborner Fürstbischöfe diese als Dreiecksburg im Stil der Weserrenaissance um und nutzten sie bis zum Ende des 18. Jahrhunderts als Nebenresidenz. 1802 fiel die Burg in preußischen Besitz, 1925 wurde der Kreis Büren Eigentümer. Er richtete in der Wewelsburg ein Kulturzentrum mit Museum, Restaurant und Jugendherberge ein.

Die Jahre von 1934 bis 1945 waren die dunkelste Epoche der Anlage. Heinrich Himmler plante, auf der Burg eine Schulungsstätte und einen Versammlungsort für SS-Führer zu schaffen. Zu diesen regelmäßigen Aktivitäten kam es zwar nicht, trotzdem wurden die Außen- und Innengestaltung der Burg erheblich verändert und zusätzlich zwei SS-Verwaltungsgebäude errichtet. Für die Bautätigkeiten wurde ein Gefangenenlager eingerichtet, aus dem später das KZ Niederhagen hervorging. Kurz vor Ende des Krieges ließ Himmler die Burganlage sprengen.

Es war nicht das erste Mal in ihrer rund 1.000-jährigen Geschichte, dass die Wewelsburg zerstört wurde. Und auch dieses Mal wurde sie wieder aufgebaut. Als Deutschlands einzige Dreiecksburg in geschlossener Bauweise thront sie eindrucksvoll über dem Almetal. Jetzt ist sie wieder das, was sie vor dem Krieg war: Museum, Jugendherberge, Kulturzentrum. Und sie berichtet eindrucksvoll von ihrer Geschichte – der des Fürstbistums und des Nazi-Terrors.

Adresse Burgwall 19, 33142 Büren-Wewelsburg, www.wewelsburg.de | Anfahrt A 33 Ausfahrt Borchen, Judenweg Richtung Büren, weiter auf Rissenweg, weiter auf Lohberg, rechts auf Müllmersberg, weiter auf Tudorfer Straße, rechts auf Böddeker Straße, links auf Lange Straße, rechts auf Schafsberg, weiter auf Burgwall | Öffnungszeiten Museum: Di–Fr 10–17 Uhr, Sa, So, Feiertage 10–18 Uhr | Tipp Über dem Tal der Alme liegt die Bürener Burgruine Ringelstein auf einem Bergkamm. Von dort aus hat man einen schönen Rundumblick über das Tal.

32 Der schiefe Turm

Krumme Spitze einer Pilgerstätte

Er ist nicht ganz so schief wie sein Kollege in Pisa und natürlich auch nicht halb so berühmt. Aber trotzdem ist er das Wahrzeichen von Delbrück: der schiefe Turm von St. Johannes Baptist. In Pisa ist es der lockere Untergrund, der unter dem Gewicht des Bauwerks nachgibt und somit für die Neigung verantwortlich ist. In Delbrück ist es anders, da ist es der Kirchturm selbst, der immer schiefer wird. Genauer gesagt handelt es sich um den Helm des Turms, der etwa zwei Drittel der Gesamthöhe von 65 Metern ausmacht. Er wurde im 14. Jahrhundert erbaut und war damals noch recht gerade. Aber da er aus einer Holzkonstruktion besteht, verzieht er sich aufgrund von Witterungseinflüssen. Das bedeutet, dass der Neigungsprozess noch nicht abgeschlossen ist. Und wenn er noch schiefer wird, wird er vielleicht doch noch ein bisschen berühmter.

Unter katholischen Pilgern ist die Kirche St. Johannes Baptist sowieso schon eine kleine Berühmtheit. Aber nicht wegen des Kirchturms, sondern wegen ihres Kreuzes. Das wurde 1496 von dem ehemaligen Münsteraner Domprobst Philipp von Hörde zu Boke gestiftet. In seinem Inneren ist ein Splitter des Heiligen Kreuzes Jesu enthalten, den von Hörde von einer Wallfahrt ins Heilige Land mitgebracht hatte.

Fast 200 Jahre lang nahezu unbeachtet, wurde dieser Kreuzpartikel 1671 wiederentdeckt. Seitdem werden in St. Johannes Baptist wöchentliche Messen zu Ehren des heiligen Kreuzes gefeiert. Besonders die Pilgermessen an den Freitagen der Fastenzeit und vor allem die Kreuztracht an Karfreitag sind weit über die Grenzen Delbrücks hinaus bekannt.

Zur Kreuztracht kommen jedes Jahr mehrere tausend Pilger. Menschen, die ihre Eindrücke aus Delbrück in die Welt hinaustragen – und vielleicht auch die Geschichte vom schiefen Turm. Wer weiß, möglicherweise wird er dadurch eines Tages doch noch so bekannt wie sein italienischer Kollege.

Adresse Kirchplatz, 33129 Delbrück | **Anfahrt** A 33 Ausfahrt Paderborn-Schloß Neuhaus, B 64 Richtung Delbrück, in Delbrück rechts auf Bokker Straße, dann links auf Adolf-Kolping-Straße, bis zum Kirchplatz fahren | **Öffnungszeiten** tagsüber durchgehend geöffnet | **Tipp** Im Delbrücker Ortsteil Anreppen kann man in die Frühgeschichte der Region eintauchen und die Ausgrabungsstätte eines Römerlagers besuchen.

33 Der Friedrichstaler Kanal

Eine leere Staatskasse für zwei Kilometer Wasserweg

Als Adliger im 18. Jahrhundert hatte man es gut. Da konnte man tun und lassen, was man wollte. Und vor allem bauen, was man wollte.

So tat es auch der lippische Graf Friedrich Adolf. Zusätzlich zu seinem Residenzschloss in der Detmolder Altstadt plante er, knapp zwei Kilometer südlich ein Lustschloss zu errichten. Und weil ihm auf seinen Reisen durch Holland die Grachten so gut gefallen hatten, ließ er vorab schon einen Kanal anlegen, der seine beiden Schlösser miteinander verbinden sollte. Einfach nur so, um darauf mit seiner Gondel hin und her zu schippern.

Dass der Kanalbau ein aufwendiges Unterfangen war, weil auf den knapp zwei Kilometern Wasserweg drei Schleusen ausgehoben werden mussten, störte Friedrich Adolf nicht. Dafür hatte er schließlich Bauern, Soldaten und die Detmolder Bürger. Auch deren Leid scherte ihn nicht, und noch weniger scherte ihn deren Bezahlung.

Nach drei Jahren war er dann endlich fertig – der Friedrichstaler Kanal. Und er konnte sich sehen lassen. Auf dem schnurgeraden Abschnitt zwischen dem Willy-Brandt-Platz, der damals noch Hornsches Tor hieß, und der Gartenanlage Friedrichstal, wo das Lustschloss entstehen sollte, wurde rechter Hand eine Lindenallee angelegt. Auf der linken Seite wurde die Detmolder Neustadt mit dem Palais, in dem sich heute die Musikhochschule befindet, errichtet. Nur das Lustschloss ist nicht über die vier Ecktürmchen hinausgekommen, denn der Graf musste einige Jahre nach Fertigstellung des Kanals feststellen, dass er sich übernommen hatte. Nach dem Bau hatte er jedes Jahr einiges für die Instandhaltung und den Betrieb aufzuwenden. Irgendwann war der Staatsetat aufgebraucht.

Geblieben ist den Detmolder Bürgern ein kleines Idyll inmitten der Stadt. An der Allee kann man im Schatten der Linden sitzen und sogar einem kleinen Wasserfall zusehen, dem Überbleibsel einer der drei Schleusen.

Adresse Allee, 32756 Detmold | Anfahrt A 2 Ausfahrt Bielefeld-Zentrum, B 66 Richtung Detmold, Lage, rechts auf B 239, der B 239 nach Detmold bis zum Friedrichstaler Kanal folgen (Paulinenstraße, Ecke Allee) | Tipp Auch im Fürstlichen Residenzschloss hat Friedrich Adolf seine Spuren hinterlassen. Er ordnete 1715 den Umbau der beiden Langflügel und die Veränderung der Innenausstattung im Stil des Barock an, www.schloss-detmold.de.

34 Die Hochschule für Musik

Absolute Spitzenklasse, auch international

Detmold. Ein 70.000-Einwohner-Städtchen im Lipperland, fernab von den Metropolen der Republik. Und doch eine Stadt von internationalem Rang. Zumindest in der musikalischen Fachwelt. Die Hochschule für Musik gilt als eine der besten in Europa. Aus der ganzen Welt verschlägt es Studierende ins Fürstliche Palais nach Detmold, um hier ihr »Handwerk« bei renommierten Künstlern zu erlernen. So fanden sich in der jüngeren Vergangenheit beispielsweise Kurt Masur, Jeffrey Tate oder Harry Kupfer als Gastdozenten ein. Mit Erfolg: Nicht selten sind bei hochkarätigen internationalen Musikwettbewerben Detmolder Hochschulabsolventen unter den Preisträgern zu finden.

1946 als Nordwestdeutsche Musikakademie Detmold gegründet, ist die Hochschule nicht nur Garant für eine hochkarätige Ausbildung in den etablierten Musikberufen, sondern geht auch neue, innovative Wege. So wurde beispielsweise die Berufsausbildung zum Tonmeister vor rund 50 Jahren in Detmold »erfunden«. Jahrzehntelang konnten sich die Leiter von Musikaufnahmen nur in Detmold hochspezialisiert ausbilden lassen. Gleichzeitig kümmert sich das Detmolder Jungstudierenden-Institut um den Nachwuchs. Musikalisch hochbegabte Kinder und Jugendliche werden hier besonders gefördert, denn die Zahl der deutschen Studienanwärter nimmt deutlich ab. Stattdessen kommen immer mehr von den rund 2.000 Musikerinnen und Musikern, die sich jedes Jahr der anspruchsvollen Aufnahmeprüfung stellen, aus aller Welt. Und so bereichern auffällig viele junge Asiaten nicht nur das Detmolder Stadtbild, sondern auch das Kulturleben.

Wer klassische Musik liebt und ausreichend Freizeit zur Verfügung hat, kann jedes Jahr rund 500 Konzerte der Studierenden und Absolventen besuchen. Viele davon sogar kostenlos. Schließlich brauchen angehende Musiker auch Auftrittserfahrung. Und so müssen selbst die Examensprüfungen vor Publikum bestritten werden.

Adresse Neustadt 22, 32756 Detmold, www.hfm-detmold.de | Anfahrt A 2 Ausfahrt Bielefeld-Zentrum, B 66 Richtung Detmold, Lage, rechts auf B 239, der B 239 nach Detmold bis zum Friedrichstaler Kanal folgen, rechts auf Neustadt | Tipp Der an die Hochschule angrenzende, denkmalgeschützte Palaisgarten zeichnet sich durch seine Größe und besonders durch seinen alten Baumbestand aus.

35 Die Krumme Straße

Nicht nur krumm, sondern auch sehr schön

In der Krummen Straße ist der Name Programm. Sie verläuft parallel zur Krümmung des Stadtmauerrings in einem lang gezogenen Bogen. Dass sie unbedingt einen Besuch wert ist, liegt aber nicht an ihrer Krümmung, sondern an den liebevoll restaurierten Fachwerkhäusern und den individuellen kleinen Läden. Das schöne Straßenbild ist der Tatsache zu verdanken, dass Detmold im Zweiten Weltkrieg nur sehr wenige Schäden davongetragen hat.

Anders war das 1547: Ein verheerender Stadtbrand erfasste weite Teile der Altstadt und legte die Krumme Straße vollständig in Schutt und Asche. Das ist auch der Grund, warum die Häuser hier nicht aneinanderkleben, sondern durch schmale Spalten getrennt sind. Dies war eine Vorgabe beim Wiederaufbau, um im Brandfall das schnelle Übertreten der Flammen auf die Nachbarhäuser zu verhindern.

Die Tauben danken es den Stadtplanern noch heute, denn die Zwischenräume bieten ihnen einen perfekten Unterschlupf. Was auch nach einer Vorgabe aussieht: auf einer Straßenseite schmücken viele Fachwerkbauten den Straßenzug, gegenüber sind fast alle Fassaden mit Schieferplatten verkleidet. Dies hat aber eher praktische als gestalterische Gründe: Die Schieferplatten wurden auf die dem Regen ausgesetzte Seite aufgebracht, um das Fachwerk vor zu starker Verwitterung zu schützen.

Aber egal, ob Schiefer oder Fachwerk, allen Häusern ist eines gemein: Hier reiht sich nicht eine austauschbare Ladenkette an die nächste, hier ist jedes Geschäft ein Unikat. Also so etwas wie eine inhabergeführte Buchhandlung, ein Laden nur für Wolle und Garne oder eine Vinothek. Und trotz aller Individualität und Vielfalt sind die Geschäftsinhaber in der Krummen Straße eine eingeschworene Gemeinschaft. Eine Gemeinschaft, die sich für ihre Interessen einsetzt und regelmäßig dafür sorgt, dass die Straße zur Festmeile wird. Und damit für Besucher noch ein wenig attraktiver.

Adresse Krumme Straße, 32756 Detmold | Anfahrt A 2 Ausfahrt Bielefeld-Zentrum, B 66 Richtung Detmold, Lage, rechts auf B 239, der B 239 nach Detmold folgen, links auf Freiligrathstraße bis zur Krummen Straße | Tipp Wer im Modegeschäft im Haus Nummer 16 einkauft, sollte einen Blick in den Hinterhof werfen. Rosen, Farne und Efeu machen den Hof zu einem eingewachsenen, idyllischen Kleinod.

36 Das Landestheater Detmold

Man muss nicht nach Detmold reisen, um es zu sehen

Als Lippe einst noch Fürstentum war und Detmold Residenzstadt des Lippischen Regenten, da entschied ebendieser, dass er zu seiner kulturellen Unterhaltung und natürlich zu Repräsentationszwecken ein Hoftheater benötigte. Gesagt, getan. Ein halbes Jahr später war die Spielstätte fertig und feierte die Premiere am 8. November 1825 mit Mozarts Oper »Titus der Gütige«.

Knapp 100 Jahre lang erfreute das Theater seine Besucher und den Fürsten, dann brach 1912 während einer Vorstellung ein Brand aus, der es bis auf die Grundmauern zerstörte. Der Wiederaufbau dauerte etwas länger, nämlich rund fünf Jahre. 1919 öffnete das neue Haus erstmalig seine Türen. Nun aber nicht mehr als »Hochfürstliches Lippisches Hoftheater«, sondern als Landestheater. Denn Lippe war nach der Novemberrevolution im Jahr zuvor nicht mehr Fürstentum, sondern Freistaat.

Nur drei Jahre später folgte die nächste Veränderung: Das Ensemble gab sein erstes Gastspiel außerhalb Detmolds. Ein Schritt, der eigentlich nur finanzielle Gründe hatte, der sich aber als Weg der Zukunft erweisen sollte.

Denn heute ist das Landestheater Detmold die größte Reisebühne Europas. Von den jährlich fast 600 Vorstellungen wird rund die Hälfte im Stammhaus und auf drei weiteren Detmolder Bühnen aufgeführt. Alle anderen finden außerhalb statt – vornehmlich in Städten, die sich selbst kein eigenes Theater leisten können. Dies ist nämlich der Bildungsauftrag, den die vier nordrhein-westfälischen Landestheater zu erfüllen haben. Von diesen vier ist Detmold das größte und das einzige mit einem Musiktheater-Ensemble. 112 Bühnen in ganz Nordrhein-Westfalen, Deutschland und teilweise sogar darüber hinaus in Belgien und Luxemburg werden jedes Jahr bespielt. Aber eine Vorstellung bleibt den Detmoldern vorbehalten: Die Erstaufführung eines jeden neuen Stückes findet immer auf einer der heimischen Bühnen statt.

Adresse Theaterplatz 1, 32756 Detmold | **Anfahrt** A 2 Ausfahrt Bielefeld-Zentrum, B 66 Richtung Detmold, Lage, rechts auf B 239, der B 239 nach Detmold folgen, in Höhe Paulinenstraße links in Bismarckstraße und nochmals links auf Theaterplatz | **Öffnungszeiten** zu den Vorstellungen | **Tipp** Schräg gegenüber vom Theater befindet sich das Lippische Landesmuseum, das größte und älteste Museum Ostwestfalen-Lippes.

37 Das LWL-Freilichtmuseum

Eine Zeitreise durch Westfalen

Das LWL-Freilichtmuseum in Detmold ist das größte Freilichtmuseum Deutschlands – ja, sogar eines der größten und bedeutendsten in Europa. Es erstreckt sich auf rund 90 Hektar Fläche mit mehr als 100 historischen Häusern. Um solch beeindruckende Dimensionen zu erreichen, hat es aber auch einige Zeit gedauert. Schon 1960 entschied der LWL, der Landschaftsverband Westfalen-Lippe, dass in Detmold ein Freilichtmuseum entstehen sollte, welches das bäuerliche Leben von 1550 bis 1800 zeigt. Elf Jahre lang wurde geplant und gebaut, bis die Anlage mit ihren damals noch 24 Häusern eröffnet werden konnte.

Nach mehreren Erweiterungen kann man heute Dörfer und Hofanlagen aus den verschiedenen Regionen Westfalens besuchen. So gibt es das Sauerländer Dorf, den Westmünster Hof oder den Mindener Hof. In den Anlagen erlebt man traditionelles Handwerk und lernt alte und seltene Haustierrassen wie die Lippegans und das Bentheimer Landschaf kennen. Oder die Senner Pferde, deren Art stark gefährdet ist und die seit 2001 auf den Weiden des Museums grasen dürfen.

Die »Hauptstadt« ist unbestritten das »Paderborner Dorf«. Das Herzstück der Anlage besteht derzeit aus 42 Bauten und ist damit größer als es andernorts ganze Freilichtmuseen sind. Im Paderborner Dorf erlebt man beim Schmied alte Handwerkskunst, man besucht den Kolonialwarenladen oder das Pastorat. Am Dorfteich genießt man den malerischen Blick und lässt die Seele baumeln. Wenn der Hunger kommt, kehrt man »Im Weißen Ross« ein. Und fürs Abendessen zu Hause kauft man beim Bäcker ein nach historischem Rezept und aus biologisch angebautem Getreide gebackenes Brot. Anschließend fährt man mit dem Pferdewagen an der Kappenwindmühle vorbei, durch den Lippischen Meierhof, wirft noch einen Blick auf den Osnabrücker Hof, bevor man hinter den Pforten des Museums wieder im 21. Jahrhundert ankommt.

Adresse Krummes Haus, 32760 Detmold, www.lwl-freilichtmuseum-detmold.de | **Anfahrt** A 2 Ausfahrt Bielefeld-Zentrum, B 66 Richtung Detmold, Lage, rechts auf B 239, der B 239 nach Detmold bis zum Friedrichstaler Kanal folgen, rechts auf Neustadt, Museums-Parkplatz am Übergang zur Paderborner Straße | **Öffnungszeiten** April–Okt. Di–Fr und alle Feiertage 9–18 Uhr (Einlass bis 17 Uhr) | **Tipp** Wenn man der Paderborner Straße weiter folgt, erreicht man den Detmolder Ortsteil Berlebeck mit der größten und ältesten Greifvogelwarte Europas, www.detmold-adlerwarte.de.

38 Die Privatbrauerei Strate

Die Frauen und das Bier

Eine Brauerei, die von drei Frauen geleitet wird? Das gibt es nur in Detmold. Renate Strate übernahm den Betrieb 1979 mit ihrem Mann und führt ihn heute gemeinsam mit ihren beiden Töchtern. Die Firmenchefinnen, die das 1863 gegründete Familienunternehmen in der fünften Generation leiten, gehen ungewöhnliche, aber konsequente Wege. »In der Region – für die Region« lautet die Unternehmensphilosophie der Privatbrauerei Strate.

Und dieses Motto wird bis ins letzte Detail gelebt. Die Zulieferfirmen und die Rohstoffe zum Brauen stammen so weit möglich aus einem Umkreis von 120 Kilometern um die Braupfanne. Und auch das Absatzgebiet für die jährlich produzierten 158.000 Hektoliter Detmolder Bier ist auf den imaginären 120-Kilometer-Radius begrenzt. Außerdem werden rund 800 Vereine aus der Region durch die Brauerei unterstützt.

Eine offensichtlich erfolgreiche Strategie, denn seit Renate Strate den Betrieb führt, ist der Bierausstoß um das 15-fache angestiegen. Der dafür notwendige Ausbau der Produktionsstätten wurde nahezu vollständig unterirdisch vorgenommen. Im Klartext: Das bestehende Brauereigebäude wurde um zwei Kellergeschosse erweitert. Warum die Strates einen solchen Aufwand betreiben? Diese Frage klärt sich von selbst, wenn man einen Blick auf das Anwesen wirft. Zum einen sollte das beeindruckende Gebäude im neugotischen Stil optisch möglichst wenig verändert werden. Zum anderen ist die Brauerei von einer wunderschön gestalteten Parkanlage umgeben. Diese Flächen für moderne Anbauten zu opfern, hätte die Seniorchefin nicht übers Herz gebracht.

Der Park kann übrigens jederzeit besichtigt werden. Die Brauerei nur bedingt. Sie ist aufgrund der großen Nachfrage den Bewohnern im Umkreis von – wie sollte es anders sein – 120 Kilometern um die Braupfanne herum vorbehalten. Eben getreu dem Motto »In der Region, für die Region«.

Adresse Palaisstraße 1–13, 32756 Detmold, www.brauerei-strate.de | **Anfahrt** A2 Ausfahrt Bielefeld-Zentrum, B66 Richtung Detmold, Lage, rechts auf B239, der B239 bis Detmold folgen, rechts auf Paulinenstraße (B239), rechts auf Freiligrathstraße und nochmals rechts auf Palaisstraße | **Öffnungszeiten** Park jederzeit, Gebäude nach schriftlicher Anmeldung | **Tipp** In der Innenstadt (Lange Straße 35) befindet sich Strates Brauhaus. Hier kann man nicht nur ein frisch gezapftes Detmolder genießen, sondern auch das lippische Nationalgericht, den Pickert, probieren.

39 Schloss Wendlinghausen

Ein Haus, das viele Geschichten erzählt

Auf einer Erkundungsreise durch Ostwestfalen-Lippe darf das Schloss Wendlinghausen selbstverständlich nicht fehlen. Dies ist kein Geheimtipp, denn das Gut ist über die Region hinaus bekannt. Aber Wendlinghausen soll an dieser Stelle nicht nur wegen seiner beeindruckenden Weserrenaissance-Architektur, dem wunderschönen englischen Landschaftspark oder der vielfältigen Veranstaltungen, die das Schloss regelmäßig zu einem beliebten Treffpunkt machen, erwähnt werden. Es sollen auch die Geschichten erzählt werden, die die Gutsanlage zu einer echten Besonderheit machen.

Zum Beispiel, dass sie nach 400 Jahren immer noch in Familienbesitz ist. Die heutige Eigentümerfamilie von Reden erwarb die Anlage 1730 von Ernst Friedemann von Münchhausen, einem engen Verwandten der Familie von Reden. Dessen Urgroßvater Hilmar war einst Erbauer des Schlosses. Wer nun beim Namen Münchhausen sofort an den Lügenbaron denkt, liegt damit gar nicht mal so verkehrt. Hieronymus von Münchhausen, der mit seinen phantastischen Geschichten berühmt wurde, war ein Vetter von Ernst Friedemann und häufig auf Wendlinghausen zu Gast. Und das ist nicht gelogen!

So weit zur Historie. Aber auch aus jüngerer Zeit hat Wendlinghausen interessante Geschichten zu erzählen. Zum Beispiel, dass man sich hier ganz und gar dem Öko-Gedanken verschrieben hat. Die Bio-Landwirtschaft auf dem Gutshof wird nicht etwa betrieben, weil es gerade Mode ist, sondern ist hier schon seit 25 Jahren Programm. Um den landwirtschaftlichen Kreislauf sinnvoll zu schließen, werden die Abfallprodukte in einer Biogasanlage verwertet. Auf diese Weise kann umweltschonend Energie und Wärme für das Schloss und das Dorf Wendlinghausen erzeugt werden. Und damit nicht genug: Neben dem Schlosspark entsteht ein Energiedorf mit 20 ressourcenschonenden Einfamilienhäusern, die künftig mit der gutseigenen Bioenergie versorgt werden können.

Adresse Am Schloss, 32694 Dörentrup-Wendlinghausen, www.schloss-wendlinghausen.de | **Anfahrt** A 2 Ausfahrt Ostwestfalen, Lippe, auf Ostwestfalenstraße Richtung Lemgo fahren, in Lemgo rechts auf Herforder Straße, der B 238, B 66 folgen, weiter auf B 66 nach Dörentrup, rechts auf Mittelstraße nach Wendlinghausen | **Öffnungszeiten** zu den Veranstaltungen, Außengelände jederzeit zugänglich | **Tipp** Auf dem Forellenhof im Dörentruper Ortsteil Schwelentrup können Kinder Tiere zum Anfassen erleben und die Erwachsenen leckere selbst gebackene Kuchen genießen, www.forellenhof-lippe.de.

40 Die Sattelmeierhöfe

Sagenumwobene Bauernhöfe

Wiesen und Felder, große Bauernhöfe und Fachwerkhäuser – dieses Bild prägt die Landschaft in Ostwestfalen-Lippe. Besonders eindrucksvoll sind die Sattelmeierhöfe, von denen es in Enger derzeit noch fünf gibt und um die sich einige Sagen ranken. So existieren verschiedene Geschichten um die Frage, woher überhaupt der Name Sattelmeier stammt. Am wahrscheinlichsten ist, dass die sogenannten Sattelmeier ab Mitte des 17. Jahrhunderts dem Landesherrn im Kriegsfall ein gesatteltes Pferd mit Reiter zur Verfügung stellen mussten. Möglich auch, dass die »Sadelhöfe« (sadeln = siedeln) damals den Siedlungskern der Dörfer darstellten. Die oftmals genannte Verbindung zum legendären Sachsenführer Widukind, zu dessen Mitstreitern die Sattelmeier gehört haben sollen, kann allerdings nicht belegt werden. Die Bezeichnung Sattelmeier taucht erstmals rund 800 Jahre nach dem Tod Widukinds in historischen Schriftstücken auf.

Doch egal, welche Geschichten um die Sattelmeier nun stimmen, allen gemein ist der enge Bezug des Hausherrn zu seinem Pferd. Besonders deutlich wird diese Bindung durch die Zeremonie, die laut Überlieferung bei der Bestattung eines Sattelmeiers durchgeführt wurde. Der Verstorbene wurde vom Ort seiner Aufbahrung in der Diele des Hauses bis zur Beisetzung von seinem nun herrenlosen Pferd begleitet. Gemäß dem Spruch: »Erst das Ross, dann der Tross« führte das Sattelpferd den Trauerzug an und schaute beim Trauergottesdienst sogar durch die geöffnete Kirchentür.

Heute sind die verbliebenen Sattelmeierhöfe in Enger landwirtschaftliche Betriebe. Pferde spielen mittlerweile nur noch eine untergeordnete Rolle.

Auf dem Nordhof beispielsweise konzentriert man sich seit 1989 ganz und gar auf die Pflanzenwelt. In der Baumschule kann man rund 1.000 verschiedene Pflanzen erwerben und sich im Schaugarten für das eigene Zuhause inspirieren lassen.

Adresse Nordhofstraße, 32130 Enger | **Anfahrt** A 30 Ausfahrt Hiddenhausen, Richtung Enger fahren, 1. Möglichkeit rechts auf Maschstraße, rechts auf Löhner Straße, weiter auf Hiddenhausener Straße bis Enger, links auf Bünder Straße, rechts auf Bahnhofstraße, rechts auf Nordhofstraße | **Öffnungszeiten** Mo–Fr 9–12.45 und 13.15–18 Uhr, Sa 9–13 Uhr | **Tipp** Die anderen Sattelmeierhöfe sind nicht öffentlich zugänglich, können aber bei einer geführten Fahrradtour vom Widukind Museum aus erkundet werden, www.widukind-museum-enger.de.

41 Das Widukind Museum

Der älteste Superstar Ostwestfalens

Wenn man durch Ostwestfalen reist, ist der Name des sächsischen Herzogs Wittekind, auch Widukind genannt, nahezu allgegenwärtig. Der Wittekindsberg im Wiehengebirge, die Wittekindstraße in Herford oder das Widukindgymnasium in Enger sind nur ein paar Beispiele. Sogar jenseits der Landesgrenze, im niedersächsischen Osnabrück, wurde ein ganzer Stadtteil Widukindland genannt. Kein Wunder, Widukind war Held und Ideal der frühneuzeitlichen Adelshäuser.

Dabei weiß man nicht besonders viel über Widukind. Der Adelige soll im 8. Jahrhundert den Aufstand gegen den Frankenführer Karl den Großen organisiert haben. Später – nachdem er ein göttliches Zeichen erhalten haben soll – konvertierte er zum christlichen Glauben und unterwarf sich den Franken.

Dann wird es langsam dünn an gesicherten Informationen. Und wahrscheinlich ist genau das der Grund dafür, dass sich so viele Mythen um ihn ranken. Seit dem Mittelalter, bis in die Neuzeit hinein, wurde Widukind als Vorbild und Held dargestellt. Mal als kriegerischer Anführer, der für sein Volk kämpfte. Mal als wohltätiger Christ, der als Seliger verehrt wird. Mal als Stammesvater der westfälischen Adelshäuser. Je nachdem, in welchem Kontext man ihn gerade benötigte. Sogar die Nationalsozialisten nutzten sein Bild für ihre Rassenideologie und gaben dem Namen Widukind vorübergehend einen faden Beigeschmack.

Nichtsdestotrotz bleibt er, was er ist, einer der ersten Superstars Ostwestfalens. Das Widukind Museum Enger versucht, dem Mythos Widukind auf den Grund zu gehen. Auf einer Zeitreise wird unter anderem das Leben und Wirken des Sachsenführers aufbereitet. Es werden auch die Hintergründe der Sachsenkriege, durch die Widukind seine Berühmtheit erlangte, dargestellt. Und es gibt Einblicke in die Forschungsarbeit von Anthropologen, die versuchen, historische Knochenfunde dem Sachsenführer zuzuordnen.

Adresse Kirchplatz 10, 32130 Enger, www.widukind-museum-enger.de | **Anfahrt** A 2 Ausfahrt Herford, Bad Salzuflen, auf B 239 Richtung Herford, Abfahrt Richtung Enger, links auf Engerstraße, weiter auf Herforder Straße, in Enger links auf Bünder Straße, rechts auf Renteistraße, links auf Barmeierplatz bis Steinstraße, links befindet sich der Kirchplatz | **Öffnungszeiten** Di–Sa 15–18 Uhr, So und Feiertage 11–18 Uhr | **Tipp** Der ehemalige Bahnhof in Enger wurde nach Einstellung des Bahnbetriebs zum Kleinbahnmuseum umgestaltet.

42 Das Teppichmuseum Tönsmann

Hat viel mehr als nur Teppiche zu bieten

Wenn ein Botschafter sich auf den Weg in eine Kleinstadt in Ostwestfalen-Lippe macht, dann muss das einen besonders gewichtigen Grund haben. In Espelkamp war es die Neueröffnung des Teppichmuseums, an der Seine Exzellenz Rachad Bouhlal, der Botschafter Marokkos, teilgenommen hat. Denn im hauseigenen Museum des Teppichhauses Tönsmann gibt es weit mehr zu sehen als Dutzende von Teppichen. Es ist vielmehr ein Museum für die Kultur und das Kunsthandwerk Nordafrikas, die Heimat der traditionellen Berberteppiche.

Inhaber Jürgen Tönsmanns Liebe zu Land und Leuten, die er vor gut einem halben Jahrhundert auf seiner ersten Marokko-Reise entdeckte, verdankt Espelkamp dieses außergewöhnliche Museum. Seit den 1960er Jahren importiert sein Unternehmen Teppiche aus Nordafrika und kann über seine dortige Dependance echte Berberteppiche nach den Wünschen seiner Kunden knüpfen lassen. Jürgen Tönsmann nutzt die Gelegenheit, regelmäßig nach Marokko zu reisen. Er engagiert sich dort gegen Kinderarbeit und pflegt den direkten Kontakt zu den Knüpferfamilien. Für sein soziales Engagement und die Erhaltung traditioneller Knüpftechniken wurde er mit dem »Chevalier du Ouizzam Alaouite«, dem höchsten Orden des marokkanischen Königshauses, ausgezeichnet.

Wer die Ausstellung spontan und auf eigene Faust erkunden möchte, wird überrascht sein, was sich hinter der einfachen Bezeichnung »Teppichmuseum« alles verbirgt. Wenn möglich sollte man aber versuchen, an einer der zweistündigen Führungen teilzunehmen. Denn bei einer Kostprobe traditionellen marokkanischen Tees erfährt man die faszinierenden Geschichten, die hinter jedem Ausstellungsstück stecken.

Im Jahr 2010 wurde das Museum um eine Tibet- und Nepal-Ausstellung ergänzt, einer weiteren Wirkungsstätte der Familie Tönsmann, die in Kathmandu eine Vorschule mit Kindergarten unterhält.

Adresse General-Bishop-Straße 23, 32339 Espelkamp, www.teppich-toensmann.de | Anfahrt A 30 Ausfahrt Kirchlengern, B 239 Richtung Kirchlengern durch Lübbecke bis Espelkamp fahren, links auf Gabelhorst und nochmals links auf General-Bishop-Straße | Öffnungszeiten Mo–Fr 9–18 Uhr, Sa 9–14 Uhr, So 14–18 Uhr | Tipp In Espelkamp befindet sich noch ein weiteres außergewöhnliches Museum. Die Sammlung Gauselmann zeigt historische Münzspielautomaten, www.sammlung-gauselmann.de.

43__Meiers Mühle

Geniale Zweitnutzung der Mühlenkraft

Die Dalke ist ein 24 Kilometer langes Flüsschen, das vom Bielefelder Stadtteil Sennestadt über Verl nach Gütersloh fließt und in die Ems mündet. Während sie in Bielefeld noch über eine annehmbare Gewässerqualität verfügt, ist die Belastung ihres Wassers im weiteren Verlauf zum Teil als kritisch einzustufen. Dies liegt unter anderem daran, dass sie mehrere Stauseen durchfließt. Außerdem muss sich die Dalke noch immer von den starken Verschmutzungen, die in den 1980er Jahren durch verschiedene Einleitungen verursacht wurden, erholen.

Vor gut 150 Jahren sah dies noch ganz anders aus. Damals war der kleine Fluss noch so sauber, dass man sogar darin baden konnte. Das Wasser war dafür allerdings fast überall zu flach. Eine der wenigen tiefen Stellen war der Kolk hinter dem Stauwehr von Meiers Mühle, direkt im Herzen Güterslohs. Ein Kolk ist eine Vertiefung am Gewässergrund, der aufgrund von Verwirbelungen entsteht, wenn Wasser ein Hindernis passiert hat.

Der Pächter der Mühle, die damals nach den Besitzern des zugehörigen Meierhofes auch Thesings Mühle genannt wurde, war offenbar ein kreativer Kopf. Er machte sich den Mühlenkolk zunutze und eröffnete hier 1850 die erste Freibadeanstalt Güterslohs. Und diese hatte eine besondere Attraktion zu bieten: ein richtiges Wellenbad! Ein Bretterhäuschen mit drei Abteilungen, von denen die erste direkt unterhalb der großen Wasserräder der Mühle lag. Hier durften nur Erwachsene hinein, und die mussten sich tüchtig festhalten, wenn das Wasser von den sich bewegenden Rädern direkt ins Badehäuschen hineinströmte.

Von dieser Attraktion ist heute nichts mehr zu sehen. Einen Besuch ist die an der malerischen Thesings Allee gelegene Meiers Mühle jedoch trotzdem wert. Sie gilt als ältester und bekanntester Mühlenstandort Güterslohs. Die Hofstelle, zu der sie gehört, soll bereits 800 nach Christus bestanden haben.

Adresse Thesings Allee 2, 33332 Gütersloh | **Anfahrt** A 2 Ausfahrt Gütersloh, rechts auf Verler Straße, nach circa 3,5 Kilometern links in Carl-Bertelsmann-Straße, links halten und weiter auf Lindenstraße fahren, die Thesings Allee ist die Verlängerung der Lindenstraße | **Tipp** Für Naturliebhaber lohnt sich ein Spaziergang entlang der Dalke, die durch verschiedene Parks und Grünanlagen quer durch die Stadt führt.

44 Das Miele-Museum

Von der Buttermaschine zur Waschmaschine

Den Tipp, dass das Wichtigste für eine gelungene Ausstellung der rote Faden ist, hat man im Miele-Museum sehr wörtlich genommen. Die Besucher werden hier mit einer in den Boden eingelassenen roten Linie durch alle Themenbereiche geführt. Dabei hat das Miele-Museum ohnehin einen klaren thematischen roten Faden – die über 100-jährige Firmengeschichte. Und die hat weit mehr zu bieten als Waschmaschinen und Staubsauger.

Ursprünglich hat alles mit der Produktion von Maschinen für landwirtschaftliche Haushalte begonnen. 1899 wurden zunächst Zentrifugen zur Entrahmung von Milch hergestellt, im darauffolgenden Jahr kamen Buttermaschinen dazu. Auf der Basis dieser Buttermaschinen wurden die ersten handbetriebenen Waschmaschinen entwickelt. Und auch wenn viele Miele-Fans etwas anderes glauben: Die Firmengründer Carl Miele und Reinhard Zinkann waren nicht die Erfinder der Waschmaschine. Daran arbeiteten schon seit dem 18. Jahrhundert einige andere experimentierfreudige Tüftler. Aber dafür war Miele im Jahr 1929 die erste Firma in Europa, die elektrische Geschirrspülmaschinen herstellte.

Erwartungsgemäß wird im Miele-Museum alles über diese Anfänge der Haushaltsgeräteherstellung präsentiert. Aber es gibt auch Überraschendes: Mit Fahrrädern, Motorrädern und sogar einem Miele-Auto rechnen wohl die wenigsten Besucher, wenn sie nach Gütersloh kommen. Diese Exponate zeigen, wie breit das Spektrum der von Miele hergestellten Produkte im Lauf der Jahrzehnte gestreut war. Zusätzlich werden die Ausstellungsobjekte und die Firmengeschichte ins jeweilige gesellschaftliche Zeitgeschehen eingeordnet. Somit ist das Miele-Museum weit mehr als nur eine eindrucksvolle Darstellung des, neben dem Medienkonzern Bertelsmann, bekanntesten Gütersloher Unternehmens. Es ist ein Museum des 20. Jahrhunderts – dem Jahrhundert der Erfindungen, die die Welt veränderten.

Adresse Carl-Miele-Straße 29, 33332 Gütersloh | **Anfahrt** A2 Ausfahrt Gütersloh, rechts auf Verler Straße, rechts auf Kampstraße, geradeaus auf Annenstraße fahren, links halten und auf Carl-Miele-Straße bleiben, links auf den Besucherparkplatz | **Öffnungszeiten** Mo–Do 8–18 Uhr, Fr 8–17 Uhr; Anmeldung für Besuchergruppen (über 10 Personen) unter Tel. 05241/892574 | **Tipp** Der Botanische Garten (Parkstraße), der als einer der schönsten Parks Deutschlands ausgezeichnet wurde, ist in wenigen Autominuten zu erreichen.

45 Das Neue Theater

Nicht erwünscht und trotzdem umjubelt

Das 2010 eröffnete Neue Theater in Gütersloh ist ein architektonisches Prachtstück. Der weiße Würfel, genau genommen ist es eher ein Quader, beeindruckt von außen durch seine 1.000 Quadratmeter große Glasfassade und von innen durch die futuristische Architektur. Die Ausstattung ist komplett in Weiß gehalten, akzentuiert von einzelnen schwarzen Elementen. Auf den 520 Sitzplätzen im Theatersaal ist man nirgends weiter als 25 Meter von der Bühne entfernt. Die Cocktailbar in der Skylobby kann über eine 113 Stufen lange Wendeltreppe erreicht werden und bietet auch außerhalb der Spielzeiten atemberaubende Ausblicke auf die Stadt. Ja, dieses Theater hat das Zeug zum Wahrzeichen.

Dabei wollten es viele Gütersloher anfangs gar nicht haben. Als 2003 das alte Theater, ein Nachkriegsprovisorium, aus brandschutztechnischen Gründen geschlossen werden muss, ist die Diskussion um den Neubau bereits seit zwei Jahren in vollem Gange. Auf der einen Seite setzte sich ein neu gegründeter Theaterförderverein mit über 400 Mitgliedern intensiv für den Neubau ein. Auch die Unternehmen Bertelsmann und Miele sagten ihre finanzielle Unterstützung zu. Auf der anderen Seite beantragte der Verein »Bürger für Gütersloh« aus finanziellen Gründen einen Bürgerentscheid gegen den Theaterneubau. Und die Gütersloher Bürger stimmten tatsächlich mehrheitlich dagegen.

Nach einer gesetzlichen Sperrfrist von zwei Jahren kam das Thema jedoch wieder auf die Tagesordnung. Der Förderverein akquirierte mehr als eine Million Euro, die beiden Großunternehmen gaben nochmals fünf Millionen dazu, und die Stadt ließ die kostengünstigste Lösung für den Neubau prüfen. Mit Baukosten von 21,75 Millionen Euro ist es zwar trotzdem kein Schnäppchen geworden, aber die Gütersloher haben nun endlich ihr neues Theater. Ein überaus attraktives und stets gut besuchtes. Da hat sich der Kampf doch gelohnt.

Adresse Barkeystraße 15, 33330 Gütersloh, www.theater-gt.de | **Anfahrt** A2 Ausfahrt Gütersloh, rechts auf Verler Straße, links auf Carl-Bertelsmann-Straße, rechts auf Lindenstraße, nach der Bahnunterführung gleich links auf Kirchstraße, weiter auf Blessenstätte und Herzebrocker Straße, rechts auf Barkeystraße | **Öffnungszeiten** zu den Vorführungen; Gastronomie in der Skylobby: Do–Sa 17–1 Uhr | **Tipp** Fast um die Ecke hat die Westfälische Kammerphilharmonie Gütersloh ihren Sitz. Sie gilt als eines der besten freien Orchester Nordrhein-Westfalens und kann unter anderem bei Konzerten in der Stadthalle gehört werden.

46__Die Weberei

Ein Kulturzentrum von Bürgern für Bürger

Wie in einigen anderen Städten Ostwestfalens war auch in Gütersloh das Textilgewerbe im 19. und 20. Jahrhundert ein wichtiger Industriezweig. Die 1874 gegründete Firma Greve und Güth gehörte dazu, sie war die erste mechanische Baumwollweberei der Stadt. Doch wie viele der in Gütersloh ansässigen Textilunternehmen musste auch Greve und Güth in der zweiten Hälfte des letzten Jahrhunderts die Produktion einstellen. Zunächst war das ein schwerer Schlag für viele Familien, schließlich verloren 140 Menschen ihre Arbeit. Doch wenige Jahre später ließ sich der wirtschaftliche Verlust in einen kulturellen Zugewinn für die Bewohner umwandeln.

Auf den Plan der Stadt Gütersloh, die Fabrik abzureißen, antworteten engagierte Bürger mit dem Aktionskomitee »Rettet die Fabrik«. Schließlich galt es hier, ein Stück Industriegeschichte und Gründerzeitarchitektur zu erhalten. Der Widerstand war erfolgreich: Die Gebäude auf dem Fabrikgelände konnten erhalten werden und standen für eine neue Nutzung zur Verfügung. Nach der Entscheidung löste sich das Komitee auf und gründete den Trägerverein »Alte Weberei«. Dieser Verein – mittlerweile von einer gemeinnützigen GmbH abgelöst – initiierte die Einrichtung eines Zentrums für Kunst, Kultur und Kommunikation in den ehemaligen Fabrikgebäuden.

1984 konnte das neue Bürgerzentrum eröffnet werden. Seitdem wächst und wandelt sich das Angebot kontinuierlich, um den Interessen und Ansprüchen der Besucher gerecht zu werden. Mittlerweile gibt es hier Kreativräume für Tanz, Theater, Musik und Bildende Kunst, zwei Programmkinos, eine Kneipe, zwei Diskoräume, ein Jugendzentrum und einen Skatepark. Außerdem finden regelmäßig Konzerte, Theateraufführungen, Flohmärkte und Gartenfeste statt. Es gibt sogar Räume zur Betreuung von Kleinkindern. Die Gütersloher schaffen sich hier einfach selbst das Angebot, das sie benötigen …

Adresse Bogenstraße 1–8, 33330 Gütersloh, www.die-weberei.de | Anfahrt A 2 Ausfahrt Gütersloh, rechts Richtung Gütersloh (Verler Straße), nach circa 4 Kilometern links in Carl-Bertelsmann-Straße, links in die Lindenstraße, weiter auf Neuenkirchener Straße, rechts in die Dalkestraße, die Weberei liegt nach der Bahnunterführung links | Tipp Nur einen Katzensprung entfernt befindet sich der Alte Kirchplatz mit seiner malerischen Fachwerkbebauung.

47 Das Gerry Weber Stadion

Tennis-Mekka mitten im Teuto

Auf der ATP World Tour, der wichtigsten Veranstaltungsserie im weltweiten Herren-Tennis, gibt es nur eine Handvoll Turniere, die auf Rasen ausgetragen werden. Allen voran natürlich das legendäre Wimbledon.

Aber einmal im Jahr schlägt die Tennis-Weltelite auch in Ostwestfalen auf. Immer im Juni, zwei Wochen vor Wimbledon, können die Stars schon einmal das Gefühl für das Spiel auf dem satten, kurz geschorenen Grün bekommen und bei den Gerry Weber Open auf höchstem Niveau trainieren und spielen. Was sie im westfälischen Halle jedoch nicht trainieren können: das Ausharren, wenn das Turnier wegen Regen unterbrochen wird. Dies gibt es im Gerry Weber Stadion nicht, denn der Centre Court verfügt über ein bewegliches Dach, das in 90 Sekunden geschlossen werden kann. Das ist nicht nur gut für die Spieler, sondern auch angenehm für die 11.500 Zuschauer, die ins Stadion passen. Zugegeben, auf den anderen Courts, die für das Turnier genutzt werden, steht dieser Luxus nicht zur Verfügung. Aber dafür regnet es in Halle normalerweise nicht so häufig wie in London.

Und auch wenn sich das Turnier seit seiner Premiere im Jahr 1993 zu einem der bei Spielern und Zuschauern beliebtesten ATP-Turniere in Europa entwickelt hat – für nur eine Woche Tennis pro Jahr bauten die ambitionierten Modeunternehmer Gerhard Weber und Udo Hardieck kein Stadion. Genau genommen handelt es sich ja auch um eine Multifunktionsarena. Musikkonzerte, Opern, Spitzenspiele des Handball Bundesligisten aus Lemgo, der Daviscup, das Deutsche Volleyball-Pokalfinale, Spiele der Handball-Nationalmannschaft, WM-Boxkämpfe und vieles mehr kann man im Gerry Weber Stadion erleben. Wem das alles eine Nummer zu groß ist, der kann ja mit einer Veranstaltung im zugehörigen Event-Center vorliebnehmen. Dort passen je nach Art der Veranstaltung »nur« bis zu 2.499 Besucher hinein.

Adresse Weststraße 14, 33790 Halle (Westf.), www.gerryweber-stadion.de | **Anfahrt** A 2 Ausfahrt Bielefeld-Sennestadt, links auf B 68 Richtung Bielefeld-Brackwede, auf B 68 bleiben und nach Halle weiterfahren, nachdem das Stadion passiert wurde, links auf Weststraße, nochmals links zum Stadion | **Öffnungszeiten** zu den Veranstaltungen/Turnieren | **Tipp** Über die Theenhausener Straße ist schnell das Naturschutzgebiet Knüll im Teutoburger Wald erreicht, das mit Denkmälern, Waldgräbern und dem Aussichtspunkt Kaffeemühle aufwarten kann.

48 Das Museum Halle

… zeigt Kindheitswerke bedeutender Künstler

Fast alle Kinder malen gerne und häufig, aber nur wenige werden später zu echten Künstlern. Doch wann ist der Zeitpunkt, ab dem man den durchschnittlich malenden Menschen vom Künstler unterscheiden kann? Schon in der Kindheit, meint zumindest Ursula Blaschke, die in Halle das weltweit einzige »Museum für Kindheits- und Jugendwerke bedeutender Künstler« leitet. Den Beleg dafür liefert ein Blick in die faszinierende Ausstellung, die sie in Eigenregie und ohne öffentliche Förderung aufgebaut hat.

Die Sammlung umfasst Werke von Pablo Picasso, August Macke, Ernst Ludwig Kirchner oder Albrecht Dürer. Die Wände des kleinen Fachwerkhauses, das Teil der idyllischen Kirchringbebauung »Haller Herz« und gleichzeitig das älteste Haus der Stadt ist, sind quasi tapeziert mit den Werken, die diese und weitere berühmte Künstler in jungen Jahren geschaffen haben. Zusätzlich organisiert Ursula Blaschke regelmäßig Sonderausstellungen, die sich einem bestimmten Thema oder Maler widmen. Dafür räumt sie sämtliche Widerstände beiseite, die dem Vorhaben im Weg stehen. Für die Themenschau »Otto Dix und die Bibel« versuchte sie den »Heiligen Christophorus« zu bekommen, den der Vatikan zuvor noch nie verliehen hatte. Als Blaschke einen Anruf vom Nuntius erhielt, der auch ihr eine Absage erteilte, schickte sie ihn »zur Hölle« und legte auf. Einige Wochen später wurde das Bild in einer Klimakiste in Halle angeliefert …

Überhaupt wagt die Gründerin des Museums einiges. Als sie Mitte der 1980er Jahre den damaligen Landeskultusminister um Unterstützung für ihre Idee bat, bekam sie eine knallharte Absage. Also investierte Ursula Blaschke selbst in das Projekt – insgesamt 1,3 Millionen Mark. Nicht umsonst, wie sich zeigen sollte: Seit seiner Eröffnung im Jahr 1987 waren nicht nur Hunderte von Schulklassen aus der Region hier zu Besuch, sondern auch Kunstinteressierte aus der ganzen Welt.

Adresse Kirchplatz 3, 33790 Halle (Westf.), www.museum-halle.de | **Anfahrt** A2 Ausfahrt Bielefeld-Sennestadt, links auf B 68 Richtung Bielefeld-Brackwede, auf B 68 bleiben und nach Halle weiterfahren, der Haller Kirchplatz liegt direkt an der B 68 auf der linken Seite | **Öffnungszeiten** Di–Mi 10–17 Uhr für angemeldete Gruppen, Do–So 10–17 Uhr auch Einzelführungen | **Tipp** In der Alten Lederfabrik haben verschiedene Künstler und Kunsthandwerker ihre Ateliers und Werkstätten. Jeden ersten Samstag im Monat sind sie für die Öffentlichkeit zugänglich.

49_CLAAS TECHNOPARC

Beeindruckend – nicht nur für Landwirte

Die Wirtschaftsstruktur in Ostwestfalen-Lippe ist sehr heterogen. Auf der einen Seite ist da seit jeher die starke landwirtschaftliche Prägung. Auf der anderen Seite das produzierende Gewerbe, das besonders in den Bereichen Küchen, Möbel und Textilien große und international bekannte Unternehmen hervorgebracht hat. In Harsewinkel findet man beides – Industrie und Landwirtschaft – in einem: im CLAAS TECHNOPARC.

CLAAS ist Markt- und Technologieführer für Erntemaschinen, exportiert 75 Prozent seiner Fabrikate ins Ausland und besitzt Produktionsstandorte in den USA, Indien, Russland, Ungarn und Frankreich. Bei aller Internationalität laufen die Fäden aber nach wie vor im ostwestfälischen Harsewinkel zusammen. Hier wurde 1992 das Ausstellungszentrum, der TECHNOPARC, eröffnet, in dem sich Fachbesucher über die neuesten Modelle informieren können. Im zugehörigen Museum kann man eine Reise in die Vergangenheit unternehmen und die 100-jährige Entwicklung des Unternehmens und seiner Landmaschinen verfolgen.

Die riesigen Traktoren und Erntemaschinen sind auch für Fachfremde beeindruckend und sorgen natürlich besonders beim jüngeren Publikum für leuchtende Augen. Für Letztere lohnt sich auch ein Besuch im CLAAS Shop. Hier kann man als Andenken ein Memoryspiel mit allen zuvor bestaunten Landmaschinen oder ein Mähdrescher-Puzzle für zu Hause kaufen. Aber Vorsicht: Es besteht auch die Gefahr, dass der heimische Fuhrpark am Ende durch einen Traktor mit Frontlader und Pedalantrieb ergänzt wird.

Auch die Entwicklung der Stadt ist eng mit der Erfolgsgeschichte des Unternehmens verbunden. Und so tauschte Harsewinkel pünktlich zum Jubiläum die Ortsschilder aus und bezeichnet sich nun offiziell als »Europäische Mähdrescherstadt«. Schließlich haben die Erntemaschinen von hier aus nicht nur die weltweiten Märkte erobert, sondern auch ein Stück Internationalität hierhergebracht.

Adresse Münsterstraße 33, 33428 Harsewinkel | Anfahrt A 2 Ausfahrt Gütersloh, rechts auf Verler Straße Richtung Gütersloh, weiter auf Friedrich-Ebert-Straße, links auf B 61, rechts auf B 513 und bis Harsewinkel fahren, links auf Mühlenwinkel | Öffnungszeiten Der TECHNOPARC mit dem Museum wird hauptsächlich für Kundenveranstaltungen genutzt. Wenn keine Veranstaltung stattfindet, kann in Abstimmung mit der zentralen Kundenbetreuung (Tel. 05247/120) fachfremdem Publikum Mo–Fr 10–16, Sa 10–13 Uhr der Eintritt gewährt werden. | Tipp Im Ortsteil Greffen befindet sich die katholische Kirche St. Johannes Baptist (St. Johannes der Täufer), die durch ihre schmuckvoll verzierte Ausstattung beeindruckt.

50 Das Kloster Marienfeld

Außen Kloster, innen nicht

Im Jahr 1185 zogen zwölf Zisterziensermönche gemeinsam mit ihrem Abt aus dem Kloster Hardehausen aus, um eine neue Abtei zu gründen. Ihr Ziel war die rund 80 Kilometer entfernte Kapelle Wadenhart, von der noch ein Mauerrest an der Nordseite des Torgebäudes erhalten ist. Das neue Kloster wurde »Campus Sanctae Mariae«, also »Feld der Heiligen Maria«, genannt, was später zu »Marienfeld« wurde. 1222 wurde die zugehörige Klosterkirche eingeweiht. Sie war das erste aus Ziegelsteinen gebaute Gotteshaus in Westfalen.

Nach mehr als 600 Jahren wurde der Klosterbetrieb im Zuge der Säkularisierung aufgehoben und der Staat Eigentümer der Anlage. Die Kirche wurde weiterhin für Gottesdienste genutzt, die anderen Gebäude zu großen Teilen verkauft. Die westlich an die Klosterkirche angrenzende Abtei nutzte man in den anschließenden Jahrzehnten zu unterschiedlichsten Zwecken. Die Nationalsozialisten brachten hier Jungen und Mädchen unter, die ein vorgeschriebenes Arbeitsjahr in der Land- und Hauswirtschaft verbringen mussten. Nach dem Krieg zog die Caritas mit einem Erholungsheim für unterernährte Kinder ein. Später richtete einer der neuen Besitzer eine Brauerei im Keller ein. Seit 2007 gehört die Abtei genau wie ein Teil der ehemaligen Wirtschaftsgebäude zum hochklassigen Hotel Klosterpforte, das in den altehrwürdigen Mauern Tagungen veranstaltet und Bankette ausrichtet. Wer das Geld hat, speist hier auf Zwei-Sterne-Niveau. – Und kann das hauseigene Marienfelder Klosterbräu genießen, das in besagter Brauerei hergestellt wird.

Neben all dieser weltlichen Nutzung ist seit einiger Zeit auch wieder mönchisches Leben in die alten Klostermauern eingekehrt. 2004 zogen zwei Benediktiner in ein ehemaliges Wirtschaftsgebäude ein. Mit dem Ziel, ein neues Kloster in Harsewinkel aufzubauen, das bei aller Ruhe und Abgeschiedenheit auch für den Kontakt zu weltlichen Gästen offen ist.

Adresse Klosterhof, 33428 Harsewinkel-Marienfeld | Anfahrt A 2 Ausfahrt Gütersloh, rechts auf Verler Straße Richtung Gütersloh, weiter auf Friedrich-Ebert-Straße, links auf B 61, rechts auf B 513, nach dem Harsewinkeler Ortsteil Oester rechts auf Klosterstraße, im Kreisverkehr die 2. Abfahrt und Klosterstraße weiter folgen, Klosterhof zweigt links ab | Tipp Der Prälatenweg ist ein schöner Rundwanderweg, der die ehemaligen Klöster Marienfeld, Herzebrock und Clarholz miteinander verbindet.

51 Das Linnenbauer-Denkmal

Verkörperung einer glorreichen Vergangenheit

»Bielefelder Leinen« – das kennt heutzutage außerhalb von Ostwestfalen-Lippe kaum noch jemand. Im 18. und 19. Jahrhundert war das anders. Damals hatte der zu edlem Tuch gesponnene Flachs noch ein weltweites Renommee. Nirgendwo sonst gelang es den Handwebern, das Garn so fein und dicht zu spinnen. Aber der Schwerpunkt der Leinenproduktion lag eigentlich gar nicht in Bielefeld – die Stoffe kamen von unzähligen ländlichen Spinnereien und Webereien. In der Stadt selbst wurde das feine Tuch nur verkauft und in die ganze Welt exportiert. Auch Herford war ein wichtiger Standort für den Leinenhandel – bis die Industrialisierung und mit ihr die wachsende Beliebtheit von Baumwollstoffen kam. Die Handwebereien mussten sich dem Konkurrenzdruck durch die maschinell gewebten Stoffe geschlagen geben.

In Herford hielt ein einziges Unternehmen an der Tradition fest: Die Weberei Weddigen produziert ihr Leinen bis heute auf handbetriebenen Webstühlen. Weddigen versuchte noch durch die Gründung eines »Vereins für Leinen aus reinem Handgespinst« das Gewerbe zu retten. Deshalb wurde der Herforder Leinenweberei ein Denkmal auf dem heutigen Linnenbauerplatz gewidmet. Als es 1909 eingeweiht wurde, stand es noch auf einem Brückenpfeiler, denn bis 1972 trennte hier die Bowerre Alt- und Neustadt voneinander.

Die Glanzzeiten der Leinenweberei sind mittlerweile vorbei, aber das Textilgewerbe spielt bis heute eine wichtige Rolle im Ravensberger Land. Mit Ahlers, Brinkmann und Leineweber haben allein drei der bekanntesten deutschen Bekleidungshersteller ihren Sitz in Herford, die unter anderem die Marken Otto Kern, bugatti und BRAX produzieren. Beim Firmennamen Leineweber möchte man nun eine Verbindung zu den traditionellen Linnenbauern herstellen. Das ist aber nur ein Zufall: Das Unternehmen wurde vom Berliner Bernhard Leineweber gegründet und später an einen Herforder Unternehmer verkauft.

Adresse Linnenbauerplatz, 32052 Herford | Anfahrt A 2 Ausfahrt Herford, Bad Salzuflen, B 239 Richtung Herford, rechts auf Elverdisser Straße, links auf Hermannstraße, weiter auf Wittekindstraße, rechts auf Auf der Freiheit, nach rechts auf den Münsterkirchhof, rechts an der Münsterkirche vorbei zum Linnenbauerplatz | Tipp Um die Ecke, in der Brüderstraße, befindet sich das Remensnider-Haus, das bekannteste Fachwerkgebäude der Stadt.

52 Das MARTa

Ein Museum, an dem sich die Geister scheiden

Das Aufsehen war groß, als Bilbao nach Herford kommen sollte. Natürlich nicht die Stadt selbst, sondern die Architektur ihres wohl berühmtesten Gebäudes. Frank O. Gehry, der sich dort mit dem Guggenheim Museum verewigt hat, entwarf das 2005 eröffnete MARTa, dessen Architektur und künstlerischer Anspruch weit in die Region hinausstrahlen sollten. Gut, das Ergebnis glänzt nicht so schön wie das in Bilbao, aber dafür passt die verklinkerte Fassade perfekt in die Region. Langlebig, pflegeleicht und bodenständig – ebenso wie die Menschen, die hier leben. Und passend zu Ostwestfalen liegt im Museum neben der modernen Kunst auch ein Schwerpunkt auf der Möbelindustrie. Daher auch der Name: M wie Möbel, ART wie Kunst und a wie Ambiente.

Wie gesagt, das Aufsehen war groß. Und auch die Kritik. Besonders, als klar wurde, dass die Kosten für das neue Museum auf über 30 Millionen Euro ansteigen würden – doppelt so viel wie geplant. Aber es gibt auch Profiteure. Zum Beispiel die Nachbarschaft in der Goebenstraße.

Das gegenüberliegende Elsbach Haus, in dem sich einst eine Hemdenfabrik befand, wurde aufwendig restauriert und beherbergt nun Geschäfte und Dienstleistungsanbieter auf gehobenem Niveau. Und auch das Straßenbild ist um einen Blickfang reicher: Die Edelstahlkugel auf dem Schillerplatz, »La Palla« von Luciano Fabro, ist Teil einer Bodenskulptur, die man erst auf den zweiten Blick erkennt. Wie ein Band zieht sich der Text von Rilkes Gedicht »Der Ball« auf dem Mittelstreifen der Goebenstraße entlang und schlingt sich um die gleichnamige Skulptur auf dem Kreisverkehr herum. Aber wie bei MARTa, und wie eigentlich immer in der Kunst, gibt es auch hier Kritiker. Abrissbirne – so nennen sie die Aktivisten, die sich gegen das Museum aussprechen. Und am liebsten würden sie die Kugel auch als ebensolche einsetzen, um MARTa dem Erdboden gleichzumachen.

Adresse Goebenstraße 2–10, 32052 Herford, www.marta-herford.de | Anfahrt A2 Ausfahrt Herford-Ost, auf Vlothoer Straße Richtung Herford, am Kreisverkehr 2. Abfahrt auf Bismarckstraße nehmen, weiter auf Hansastraße, links auf Goebenstraße | Öffnungszeiten Di–So und Feiertag 11–18 Uhr, jeden 1. Mi im Monat 11–21 Uhr | Tipp Wer noch mehr Kunst sehen will, wird in der Nähe des Gänsemarktes fündig. Im Daniel-Pöppelmann-Haus zeigt der Herforder Kunstverein wechselnde Ausstellungen, www.herforder-kunstverein.de.

53 Die St.-Marien-Kirche

Übernatürliche Erscheinung auf dem Stiftberg

Wallfahrtsorte gibt es viele, ja nahezu unzählige. Wallfahrtsorte, an denen es eine Marienerscheinung gegeben haben soll, nur wenige. Einer davon ist der Herforder Luttenberg. Hier soll sich die älteste überlieferte Erscheinung der Muttergottes nördlich der Alpen ereignet haben.

Irgendwann zwischen 926 und 1011 hat sich Maria hier einem Bettler gezeigt. Sie gab ihm den Auftrag, der Äbtissin des Klosters auf dem Luttenberg eine Nachricht zu überbringen. Um den Nonnen zu beweisen, dass die Nachricht tatsächlich von Maria stammte, stellte der Mann in ihrem Auftrag ein Kreuz aus Zweigen auf, auf dem sie sich in Gestalt einer weißen Taube niederließ. Für die katholische Kirche ist die Übernatürlichkeit des Ereignisses unumstritten. Eine Anerkennung, die gerade einmal einem Dutzend der überlieferten Marienerscheinungen zuteilwird.

Infolge der Vision und in Gedenken an die Heilige wurde die Marienkirche erbaut. Sie entwickelte sich zu einem wichtigen Wallfahrtsort, den die Jakobspilger auf ihrem Weg nach Santiago de Compostela besuchten. Im Hochaltar der Kirche wird ein Baumstumpf aufbewahrt, der im Zusammenhang mit der Erscheinung stehen soll. Eine Theorie besagt, dass er aus den Zweigen, auf denen die Taube saß, gewachsen ist. In einer anderen Version ist es der Stumpf, von dessen Baum die Zweige abgeschnitten wurden. Aber unabhängig von den verschiedenen Interpretationen sagten Gläubige dem Baumstamm eine heilende Wirkung nach, wodurch weitere Wallfahrer in die Marienkirche, die in der Zwischenzeit zur evangelischen Gemeinde gehörte, kamen.

Die Herforder selbst gedenken der Erscheinung jeden Sommer durch ein Visionsspiel auf dem Luttenberg, bei dem das Ereignis nachgestellt wird. Bis 2010 schloss sich daran die jährliche Kirmes an, die ebenfalls Vision genannt wurde. 2011 wurde der 1.000. Jahrestag mit einer Festwoche rund um die Marienkirche gefeiert.

Adresse Stiftbergstraße, 32049 Herford | **Anfahrt** A 2 Ausfahrt Herford-Ost, auf Vlothoer Straße Richtung Herford, am Kreisverkehr die 3. Abfahrt, um auf der Vlothoer Straße zu bleiben, nach einer gemäßigten Rechts-Links-Kurve geht sie in die Stiftbergstraße über | **Öffnungszeiten** Mo–Fr 15–17 Uhr | **Tipp** Um die Ecke, ebenfalls in der Stiftbergstraße, befindet sich der Stadtpark Schützenhof. In ihm ist die Nordwestdeutsche Philharmonie zu Hause, die dort auch ihre Herforder Konzerte gibt.

54 Die Synagoge

Unter den Sternen Jerusalems

An der Herforder Komturstraße 21–23 befindet sich ein Ensemble aus zwei Gebäuden, in denen die Synagoge und die Versammlungsräume der jüdischen Gemeinde Herford-Detmold untergebracht sind. Bemerkenswert ist die neugotische Backsteinarchitektur, die bei jüdischen Gotteshäusern sehr selten zu finden ist und eher dem christlichen Kirchenbau entspricht. Auf den ersten Blick wirken die beiden Gebäude wie aus einem Guss erbaut. Bei genauerem Hinsehen kann man jedoch feststellen, dass ein erheblicher Altersunterschied zwischen ihnen besteht. Genau genommen 117 Jahre, denn das Versammlungshaus ist noch das ursprüngliche, im Jahr 1893 erbaute. Die alte Synagoge hingegen überlebte die Reichspogromnacht am 9. November 1938 nicht.

Nach dem Ende des Zweiten Weltkrieges schien ein Wiederaufbau unmöglich. Schließlich war die Gemeindestärke von über 200 Mitgliedern auf gerade einmal zwei Dutzend geschrumpft. Erst nach dem Zusammenschluss mit der jüdischen Gemeinde aus Detmold, und dem verstärkten Zuzug neuer Mitglieder aus Osteuropa nach 1990, kam die Idee erneut auf. 72 Jahre nach der Zerstörung konnte das neue Gotteshaus endlich eingeweiht werden.

Von seiner äußeren Form her mutet es fast wie das Original an. Lediglich die Bleiglasfenster mit dem Davidstern und den Tropfen, die Tränen symbolisieren, erinnern an den schmerzvollen Einschnitt in die Geschichte der Juden – hier in Herford und im ganzen Land. Im Inneren des Gebäudes wurde eine völlig neue Konzeption realisiert. Im Mittelpunkt steht die faszinierende Decke des Gebetsraums: Auf dem dunkelblau gestrichenen Gewölbe funkeln 248 Leuchtdioden. Sie stehen symbolisch für die Anzahl der Gebote im jüdischen Glauben. In ihrer Anordnung stellen sie den Sternenhimmel über Jerusalem im Jahr 5770 jüdischer Zeitrechnung dar, das unserem 2009 entspricht, dem ursprünglich geplanten Eröffnungsjahr für die Synagoge.

Adresse Komturstraße 21, 32052 Herford | **Anfahrt** A 2 Ausfahrt Herford-Ost, auf Vlothoer Straße Richtung Herford, am Kreisverkehr 2. Abfahrt auf Bismarckstraße nehmen, links auf Mindener Straße, rechts auf Berliner Straße und nochmals rechts auf Komturstraße | **Öffnungszeiten** Unter Tel. 05221/2030 kann man einen Besichtigungstermin vereinbaren. | **Tipp** Von der Synagoge aus kann man die Herforder Innenstadt erkunden. Besonders sehenswert ist der Neue Markt mit seiner Fachwerk- und Renaissance-Architektur, wie zum Beispiel dem Wulferthaus.

55 Der Wall und die Stadttore

Moderne Kunst statt Historie

Ambitionierte Jogger, kinderwagenschiebende Mütter, lärmende Schulkinder, frischlufttankende Senioren – der Wall ist Anziehungspunkt für viele Herforder. Kein Wunder, geht es doch über weite Teile beschaulich unter Bäumen, an den Flussläufen von Werre und Aa und an schmucken Villen entlang. Davon, dass sich hier einst die Stadtmauer des mittelalterlichen Herfords befand, ist nichts mehr zu sehen. Und auch von den ehemaligen Stadttoren – Bergertor, Lübbertor, Steintor, Deichtor und Renntor – zeugen heute nur noch entsprechende Straßennamen und -kreuzungen. Dabei war Herford mit seinen fünf Stadttoren und 14 Türmen eine der am besten befestigten Städte im Mittelalter.

Als die Verteidigungsanlagen Ende des 18. Jahrhunderts nicht mehr benötigt wurden – die Stadt war längst darüber hinausgewachsen, und die Mauern hielten der modernen Kriegstechnik nicht mehr stand –, dachten die Herforder pragmatisch. Sie verscherbelten die Backsteine als Baumaterial. Denkmalschutz? Gab es damals noch nicht. Aber heute gibt es Menschen, die das Gedenken an das Historische mit dem Reiz des Modernen verbinden wollen. Und so konzipierte Jan Hoet, der erste Museumsleiter des MARTa, das Kunstprojekt mit dem Titel »Fünf Tore / Fünf Orte«, um an die »verlorenen« Stadttore zu erinnern.

Im Laufe von zehn Jahren sollen fünf renommierte internationale Künstler gewonnen werden, die jeweils für eines der fünf ehemaligen Stadttore ein Kunstprojekt entwickeln. Den Anfang machten 2010 die knallorangenen Pylonen am Bergertor, die »Safety Cones« des US-amerikanischen Künstlers Dennis Oppenheim. Mit den modernen Kunstwerken als Blickfang sollen die »verlorenen« Stadttore wieder sichtbar werden. Und genau wie vor mehr als 200 Jahren denken die Herforder auch heute an ihre Stadtkasse: Die Kunstprojekte und die entstehenden Folgekosten werden ausschließlich von Sponsoren finanziert.

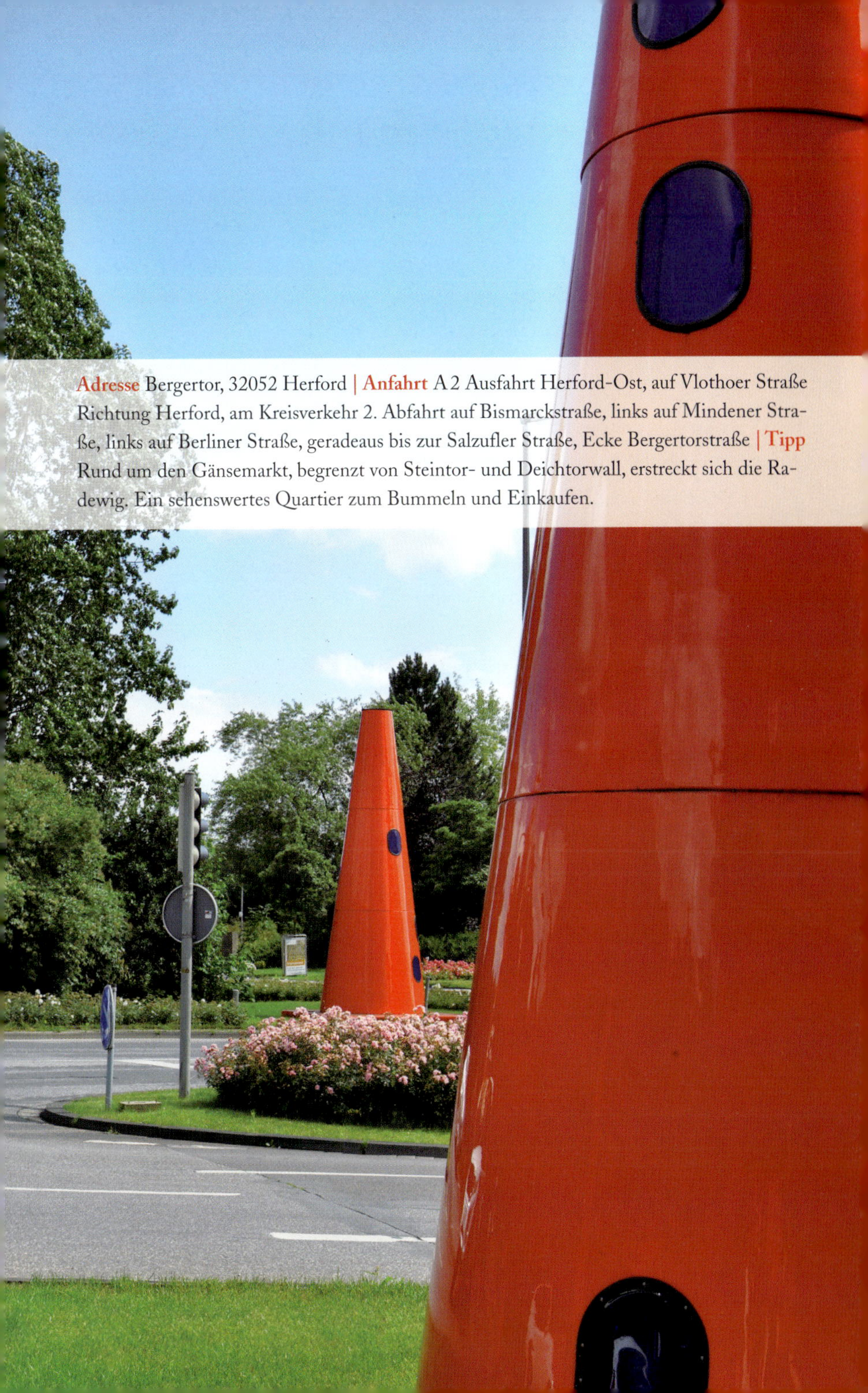

Adresse Bergertor, 32052 Herford | **Anfahrt** A 2 Ausfahrt Herford-Ost, auf Vlothoer Straße Richtung Herford, am Kreisverkehr 2. Abfahrt auf Bismarckstraße, links auf Mindener Straße, links auf Berliner Straße, geradeaus bis zur Salzufler Straße, Ecke Bergertorstraße | **Tipp** Rund um den Gänsemarkt, begrenzt von Steintor- und Deichtorwall, erstreckt sich die Radewig. Ein sehenswertes Quartier zum Bummeln und Einkaufen.

56_Das Haus Samson

Hier ist die Gruppe 13 zu Hause

Eine internationale Künstlergruppe mit Mitgliedern aus Deutschland, den USA, Mexiko und Ungarn. Nichts Besonderes, zumindest in Berlin oder Düsseldorf. Für eine kleine Stadt wie Herzebrock-Clarholz ist dies allerdings schon etwas Außergewöhnliches. Vor allem, wenn die Künstler so aktiv sind wie die hier ansässige »Gruppe 13«.

Seit 1997 hat sie einen Teil des Hauses Samson am Clarholzer Kirchplatz in Beschlag genommen und präsentiert die eigenen Werke in einer ständigen Ausstellung. Die Kunstobjekte sind dabei so vielfältig wie die Gruppe selbst: Acryl- und Aquarellmalerei, Fotografien, Skulpturen, Arbeiten mit Glas, Porzellan und Licht. Außerdem zeigen hier regelmäßig auswärtige Künstler ihre Arbeiten, es gibt Themenschauen und Ausstellungen mit Arbeiten von Kindern.

An Abwechslung fehlt es also nicht im Haus Samson, das zum Clarholzer Klosterensemble gehört. Das war übrigens schon immer so: In dem roten Backsteinbau waren im Lauf der Zeit eine Schankwirtschaft, eine Schinkenpökelei und die Sparkasse untergebracht. Sogar als Luftschutzbunker diente er zuweilen. Heute findet man hier neben der Künstlergruppe eine Steuerberatungssozietät. Und auch seine bauliche Gestalt hat sich schon einmal gewandelt. 1842 brannte der Vorgängerbau nieder. Ein zwölfjähriger Junge hatte das Haus in Brand gesteckt, damit er sich anschließend durch das schnelle Läuten der Feuerglocke Lob einholen konnte.

Mittlerweile kümmert sich ein eigener Förderverein, der inzwischen rund 100 Mitglieder zählt, um Sanierungsmaßnahmen, wie beispielsweise den Einbau neuer Fenster. Da das Haus Samson unter Denkmalschutz steht, darf und wird es sich rein äußerlich nicht mehr stark verändern. Im Inneren wird aber weiterhin ein stetiger Wandel zu verzeichnen sein. Dafür wird der Kunstverein um die Gruppe 13 mit seinen vielfältigen Ausstellungen schon sorgen.

Adresse An der Dicken Linde 3, 33442 Herzebrock-Clarholz | **Anfahrt** A 2 Ausfahrt Rheda-Wiedenbrück, auf B 64 Richtung Münster, Warendorf, die B 64 führt in Clarholz direkt am historischen Ortskern mit der Kirche vorbei, zu diesem Ensemble gehört auch das Haus Samson | **Öffnungszeiten** Mi, Sa, So 15–18 Uhr | **Tipp** In direkter Nachbarschaft zum Kirchplatz befindet sich das Kloster Clarholz mit seinem sehenswerten Klostergarten. Er wurde zur Jahrtausendwende nach historischen Vorgaben neu gestaltet.

57__Das Holzhandwerksmuseum

... zeigt viel mehr als Tischlerarbeiten

Wissen Sie, woher Ihre Küche kommt? Mit großer Wahrscheinlichkeit aus dem Kreis Herford. Hier ist nämlich das Zentrum der deutschen Möbelindustrie. Von den in Europa hergestellten Küchen kommt jede dritte von hier. Seinen Ursprung hat dieser Industriezweig in der großen Holzhandwerkstradition des Kreises. Hier gab es nicht nur viele Tischler, die früher das Mobiliar in Handarbeit herstellten, auch Zimmerer, Schuhmacher, Drechsler und andere Gewerke, die mit Holz arbeiteten, waren zahlreich vertreten. Schließlich lag die Rohware in Form des Teutoburger Waldes direkt vor der Tür. Doch wie in allen anderen Gewerken hielt auch beim hölzernen Werkstoff die maschinelle Produktion Einzug und verdrängte das Handwerk zunehmend.

Auf dem Gut Hiddenhausen wird es seit 1998 wieder lebendig. In einer Scheune, die früher vom Amtsmann als Zehnthaus genutzt wurde, ist eine vollständige Tischlerwerkstatt untergebracht. Hier können die Besucher nach Herzenslust hobeln, sägen, bohren und hämmern. In einer weiteren Scheune werden andere Holzhandwerkszweige vorgestellt: die Zimmerei, Drechslerei, Holzschuhmacherei und Holzbildhauerei sowie die weniger bekannte Stellmacherei, die Räder, Wagen und landwirtschaftliche Geräte herstellte, und die Böttcherei, in der Fässer produziert wurden. Die Ausstellung zeigt, wie vielfältig die Arbeit mit Holz war und noch immer sein kann.

Dies haben auch fünf arbeitslose Jugendliche erfahren, die unter Anleitung eines Zimmermanns die sogenannte alte Werkstatt auf dem Gutsgelände umgebaut haben und sich damit für den Arbeitsmarkt qualifizieren konnten. Entstanden ist ein kleines Café, das in den Betrieb auch soziale Projekte einbinden möchte. In direkter Nachbarschaft zum Holzhandwerksmuseum, idyllisch inmitten des kleinen öffentlichen Parks gelegen, lockt es die Besucher mit Kaffee und hausgebackenen Kuchen.

Adresse Maschstraße 16, 32120 Hiddenhausen, www.holzhandwerksmuseum.de | **Anfahrt** A 30 Ausfahrt Hiddenhausen, Richtung Herford, Enger fahren, rechts auf Maschstraße | **Öffnungszeiten** So 14–17 Uhr | **Tipp** Empfehlenswert ist der Besuch eines weiteren Hiddenhausener Gutshofs, nämlich der mittelalterlichen Wasserburg Gut Bustedt, in der sich heute ein Biologiezentrum befindet.

58 Der Meylip-Uhrenturm

Schicker Reiter ohne Dach

Das Hiddenhausener Rathaus im Ortsteil Lippinghausen ist ein typischer 1970er-Jahre-Bau. Schmucklos und schlicht, wie damals nun mal gebaut wurde. Direkt davor: ein schicker Uhrenturm im wilhelminischen Stil der Jahrhundertwende, der auf ein Podest gesetzt wurde und so gar nicht zur restlichen Umgebung passen will. Das liegt daran, dass er eigentlich auch nicht hierher gehört.

Ursprünglich zierte der Turm als Dachreiter das Verwaltungsgebäude der Margarinefabrik Meyer-Lippinghausen. Das 1885 gegründete Unternehmen, das später nur noch Meylip hieß, war zwar nicht der erste deutsche Margarinehersteller, dafür aber wegen seiner Qualität international viel beachtet. Bei den Weltausstellungen in Paris, Antwerpen und Brüssel wurde die Margarine sogar mit goldenen Medaillen ausgezeichnet. Die Firma wurde kontinuierlich erweitert und erhielt 1909 ein eigenes zwei Kilometer langes Anschlussgleis an die Herforder Kleinbahn. Doch in den folgenden Jahrzehnten stieg der Konkurrenzdruck immer mehr an. 1969 musste sich Meyer-Lippinghausen geschlagen geben und wurde an ein belgisches Unternehmen verkauft.

In den 80er Jahren erfolgte der Abriss der Produktions- und Verwaltungsgebäude – begleitet von starken Protesten der Lippinghauser Bevölkerung. Die ansprechende Industriearchitektur der Jahrhundertwende sollte als Zeitzeugnis erhalten bleiben. Ohne Erfolg. Die Margarinefabrik wurde abgerissen, und die Bünder Straße erhielt ein neues Gesicht.

Nur der Uhrenturm konnte gerettet werden. Für das ehemalige Lippinghauser Wahrzeichen wurde ein würdiger Standort gesucht, was wiederum zu neuen Diskussionen führte. Nun steht der Dachreiter ohne Dach etwas verloren vor dem Rathaus herum und sorgt bei Besuchern für Verwunderung. Aber er erinnert an die industrielle Geschichte des Ortes. Und er ist geblieben, was er war: das Wahrzeichen Lippinghausens.

Adresse Rathausstraße 1, 32120 Hiddenhausen-Lippinghausen | Anfahrt A 30 Ausfahrt Hiddenhausen, auf Bünder Straße Richtung Enger, durch Hiddenhausen zum Ortsteil Lippinghausen fahren, im Kreisverkehr 1. Abfahrt auf Rathausstraße abbiegen | Tipp Ein Stück weiter an der Bünder Straße, im Ortsteil Sundern, befindet sich die »Herforder Wirtschaft am Felsenkeller«. Das Restaurant gehört zur benachbarten Brauerei, in der das Herforder Pils, das eigentlich aus Hiddenhausen kommt, gebraut wird.

59 Die Externsteine

Einfacher Sandstein in spektakulärer Form

In einem Buch, das 111 Orte in Ostwestfalen-Lippe beschreibt, die man unbedingt gesehen haben muss, darf natürlich auch ein Highlight wie die Externsteine nicht fehlen. Am südöstlichen Rand des Teutoburger Waldes, angrenzend an das Eggegebirge, findet man sie, diese imposante Felsformation, die schon seit Jahrtausenden die Menschen in ihren Bann zieht. Dabei ist es streng geologisch genommen einfach nur Sandstein.

Als sich vor etwa 80 Millionen Jahren die Gebirgskette des Teutoburger Waldes bildete, formten Wasser und Gletschereis die frei stehenden Felsblöcke. Über mehrere 100 Meter erstreckt sich die linienförmige Formation. Zunächst nur als einzelne kleinere Erhebungen im Wald sichtbar, ragen am Ende die 13 bekannten Felsen fast 40 Meter hoch eindrucksvoll in die Luft.

Solch außergewöhnliche Naturerscheinungen sind für uns Menschen nur schwer erklärbar und beflügeln die Phantasie daher umso mehr. Ob Sternwarte aus der Steinzeit, Teil eines keltischen Nachrichtensystems oder Heiligtum der Germanen – Deutungen gibt es viele, Belege dafür umso weniger.

Den Esoterikern ist das gleich. Sie sprechen den Felsen außergewöhnliche Kräfte und spirituelle Eigenschaften zu. Zur Walpurgisnacht treffen sich hier jedes Jahr verschiedenste Gruppen, die Kraft tanken und vor allem feiern wollen.

Wesentlich glaubwürdiger ist hingegen die Theorie, dass sich im Mittelalter Mönche aus den umliegenden Klöstern an den Externsteinen aufgehalten haben sollen. Von ihnen sollen unter anderem das Felsengrab, die künstlichen Grotten und das Steinrelief stammen. Letzteres zeigt, wie Jesus vom Kreuz genommen wird. Und absolut sicher ist, dass die Externsteine eine der meistbesuchten Sehenswürdigkeiten Nordrhein-Westfalens sind. Mehr als eine halbe Million Menschen erklimmen jedes Jahr die in den Fels gehauenen Stufen, um den höchsten der Steine zu besteigen.

Adresse Externsteiner Straße 35, 32805 Horn-Bad Meinberg, www.externsteine-info.de | Anfahrt A 33 Ausfahrt Paderborn-Elsen, auf B 1 Richtung Bad Lippspringe und nach circa 20 Kilometern der Beschilderung »Externsteine« folgen | Öffnungszeiten Besichtigung jederzeit möglich, Besteigung nur von April–Okt. Mo–So 10–18 Uhr | Tipp Wer noch mehr über die naturkundlichen Zusammenhänge, geschichtlichen Interpretationen und archäologischen Forschungen bezüglich der Externsteine wissen will, kann dies im zugehörigen Besucherzentrum erfahren.

60 Das Silvaticum im Kurpark

Zu Fuß von Europa über Asien nach Amerika

Im Staatsbad Meinberg können Erholungssuchende schon seit rund 250 Jahren im sechs Hektar großen Historischen Kurpark die Seele baumeln lassen. Die Grünanlage wurde 1932 um den Bergkurpark und von 1952 bis 1955 um den Seekurpark ergänzt. Trotzdem beschloss man Ende der 50er Jahre, dass diese Flächen nicht ausreichten, und erweiterte die Anlage um zusätzliche 40 Hektar. So entstand der Länderwaldpark, auch Silvaticum genannt.

Landesforstmeister Dr. Arnold Splettstößer wollte hier Bäume und Sträucher aus verschiedenen Regionen mehrerer Kontinente der Erde zusammentragen. Nun ist es nichts Außergewöhnliches, wenn in Parks fremde Gehölze angepflanzt werden. Aber Dr. Splettstößer fügte dem Ganzen eine besondere Note hinzu: Im Silvaticum wird man keine heimische Linde zwischen einer Colorado-Tanne und einem Ginkgo-Baum antreffen. Stattdessen wachsen diejenigen Pflanzen nebeneinander, die aus derselben Region stammen. Auf diese Weise kann man 14 unterschiedliche Waldlandschaften aus Europa, Asien und Nordamerika entdecken, so zum Beispiel aus der Sierra Nevada in Kalifornien, aus dem chinesischen Himalaja oder dem Kaukasus. Aber auch der mitteleuropäische, bei uns beheimatete Auewald ist vertreten. Die einzelnen Länderwälder sind jeweils rund einen Hektar groß und durch weitläufige Wiesenflächen voneinander getrennt.

Bei so viel Natur und Ruhe sind Entspannung und innere Harmonie nicht weit. Und so finden sich im Silvaticum regelmäßig »Entspannungs-Profis« ein. Seit 2003 befindet sich Europas größtes Yoga-Seminarhaus direkt am Länderwaldpark. In vier Gebäuden finden Kurse und Kongresse zu der indischen Lehre für Körper und Geist statt. Seitdem sollte man zu jeder Tageszeit darauf gefasst sein, bei einem Spaziergang nicht nur emsige Eichhörnchen oder hoppelnde Häschen zu entdecken, sondern auch mal einer Gruppe »herabschauender Hunde« oder »brüllender Löwen« zu begegnen.

Adresse Wällenweg, 32805 Horn-Bad Meinberg | **Anfahrt** A 33 Ausfahrt Paderborn-Elsen, auf B 1 Richtung Bad Lippspringe, an Horn-Bad Meinberg vorbei und links auf die B 239 (Pyrmonter Straße) zum Ortsteil Bad Meinberg, rechts auf Hamelner Straße und nochmals rechts auf Wällenweg (Parkplatz am Hallenbad) | **Tipp** Noch mehr Natur kann man im romantischen Silberbachtal, südöstlich von Horn-Bad Meinberg, entdecken.

61 Das Bodendenkmal tom Roden

Kleiner, rätselhafter Ableger des berühmten Corvey

Im Mittelalter müssen die Menschen in der Gegend zwischen Weserbergland und Eggegebirge besonders gläubig gewesen sein. Denn in der Region des heutigen Kreises Höxter gibt es ungewöhnlich viele Klosteranlagen. Die sicherlich am häufigsten besuchte ist die ehemalige Reichsabtei Corvey. Nur 800 Meter davon entfernt geht es weitaus ruhiger zu. Wenn nicht gerade der Traktor brummt. Denn die Klosterruine tom Roden befindet sich auf bewirtschaftetem Ackerland.

Die ehemalige Benediktinerpropstei aus dem 12. Jahrhundert war dem Abt von Corvey unterstellt und wurde im 16. Jahrhundert aufgegeben. Mehr als 400 Jahre unentdeckt, wurden die Überreste erst in den 70er Jahren des vergangenen Jahrhunderts freigelegt (und später auf anderthalb Meter Höhe aufgemauert). Was dabei zutage trat, war ein echter Glücksgriff für die Archäologen, denn die Grundmauern des Klosters konnten vollständig, also mit allen Räumlichkeiten, ausgegraben werden. Gleichzeitig gaben die Funde Rätsel auf. So fand man in tom Roden Bleileitungen. Einen solchen Luxus gab es damals nicht einmal im benachbarten Corvey, das weitaus wichtiger und wohlhabender war. Noch erstaunlicher war der Fund eines Praefurniums. Diese Heizungsanlagen gab es ansonsten nur im antiken Rom, nicht aber in Mitteleuropa. Der Siedlungsort tom Roden könnte daher schon lange vor seiner Nutzung als Kloster eine römische Therme gewesen sein. Die Wissenschaftler sind sich darüber uneins. Und genau wie in Corvey, in dem ebenfalls einige Funde auf einen römischen Ursprung hindeuten, wird wohl noch lange darüber gestritten werden, ob bereits die Römer oder erst die Karolinger hier den ersten Stein in die Erde gesetzt haben. Egal, wer von ihnen es war, sie hatten sich ein denkbar schönes Plätzchen dafür ausgesucht.

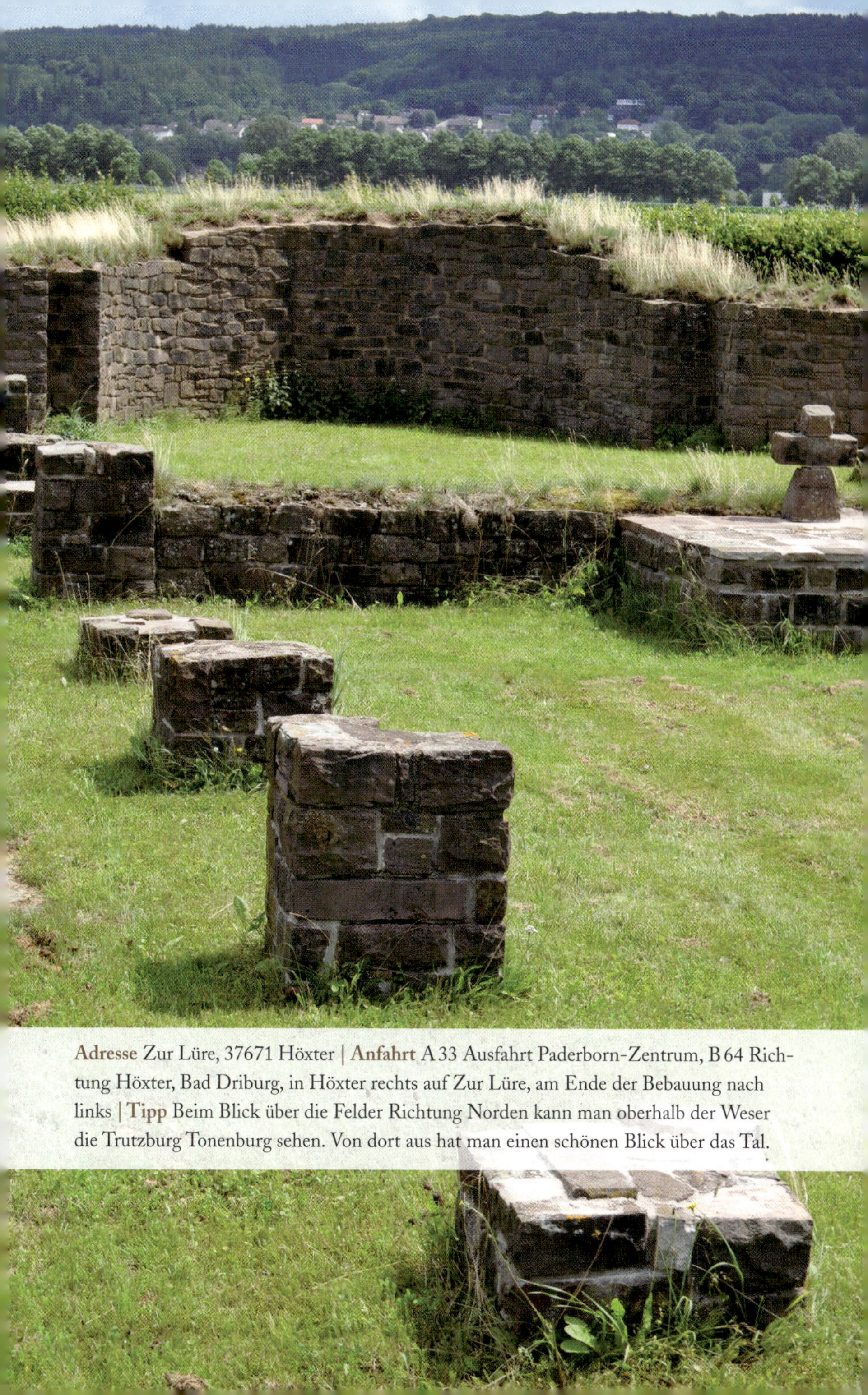

Adresse Zur Lüre, 37671 Höxter | **Anfahrt** A 33 Ausfahrt Paderborn-Zentrum, B 64 Richtung Höxter, Bad Driburg, in Höxter rechts auf Zur Lüre, am Ende der Bebauung nach links | **Tipp** Beim Blick über die Felder Richtung Norden kann man oberhalb der Weser die Trutzburg Tonenburg sehen. Von dort aus hat man einen schönen Blick über das Tal.

62 Das Forum Jacob Pins

Die Rettung eines hochrangigen Baudenkmals

Für Denkmalpfleger, Bauhistoriker und einfach für jeden Höxteraner, der sich für die Geschichte seiner Stadt interessiert, muss es ein Graus gewesen sein. Da war man in Besitz einer der eindrucksvollsten Gebäudeanlagen aus der Weserrenaissance, die es in der Region gibt, und musste jahrzehntelang zusehen, wie die Bausubstanz zunehmend verfiel. Für den Adelshof »Heisterman von Ziehlberg« – der ursprünglich ein Lehnshof des Klosters Corvey war – ließ sich einfach keine geeignete Nutzung und damit kein Sanierungsträger finden. Dabei hat das Anwesen einen enormen Denkmalwert. Die drei Fachwerkhäuser stammen im Wesentlichen aus dem 16. Jahrhundert, die Gebäudeursprünge reichen aber bis ins Mittelalter zurück. Mit seinen Fassaden und der inneren Ausstattung, wie Wand- und Deckenoberflächen, Fußböden, Fenstern und Türen, vermittelt der Komplex einen guten Eindruck davon, wie die Adelshöfe in der Blütezeit der Weserrenaissance ausgesehen haben.

Im Jahr 2005 war es dann endlich so weit. Ein neues Nutzungskonzept und mit ihm umfassende Sanierungsmaßnahmen sollten umgesetzt werden. Dabei wurde ein großer Bereich der Anlage zu hochwertigen Wohnungen umgebaut, ein kleiner einer gewerblichen Nutzung zugeführt.

In einem weiteren Teil der Flächen entstand ein Museum, das Forum Jacob Pins. Jacob Pins, der 1917 als jüdischer Bürger in Höxter geboren wurde, verließ die Stadt im Herbst 1933, um nach Palästina auszuwandern. Dort war er zunächst völlig mittellos, ergatterte jedoch ein Stipendium für ein Kunststudium. Seine Holzschnitte, Gemälde, Zeichnungen und Drucke fanden Anerkennung, und Jacob Pins wurde schnell zu einem weltweit beachteten Künstler. Obwohl er seine Eltern durch das Nazi-Regime verloren hatte, besuchte er Höxter ab den 60er Jahren regelmäßig. Seit 2008 sind seine Werke im Adelshof Heisterman von Ziehlberg zu sehen.

Adresse Westerbachstraße 35–37, 37671 Höxter, www.jacob-pins.de | **Anfahrt** A 33 Ausfahrt Paderborn-Zentrum, B 64 Richtung Höxter, Bad Driburg, in Höxter nach rechts auf Westerbachstraße | **Öffnungszeiten** April–Okt. Di–So 10–17 Uhr, Nov.–März Di–So 14–17 Uhr | **Tipp** In der Altstadt gibt es einige weitere eindrucksvolle Fachwerkbauten zu entdecken, wie zum Beispiel das Adam-und-Eva-Haus oder das historische Rathaus.

63 Die Fürstliche Bibliothek

Nicht nur Masse, sondern auch Klasse

Unter den ehemaligen Klöstern in Ostwestfalen-Lippe ist Corvey sicherlich das bekannteste. Schließlich war es im 9. und 10. Jahrhundert die bedeutendste karolingische Abtei. Heute ist Schloss Corvey eine weltliche Einrichtung und Eigentum des Herzogs von Ratibor und Fürsten von Corvey. Denn fast 1.000 Jahre nach seiner Gründung verlor die Reichs- und Fürstabtei und das spätere Fürstbistum im Zuge der Säkularisation seine territoriale Eigenständigkeit und gelangte über Umwege an den Landgrafen Viktor Amadeus von Hessen-Rotenburg.

Dieser war ein leidenschaftlicher Büchersammler und verlegte seine Hofbibliothek nach Corvey. Sein Neffe, Prinz Viktor zu Hohenlohe-Schillingsfürst, erbte die Besitzungen und wurde 1840 zum ersten Herzog von Ratibor und Fürsten von Corvey erhoben. Er vermehrte den Bestand der Bibliothek auf 74.000 Bände.

Die Fürstliche Bibliothek Corvey zählt heute zu den größten und bedeutendsten Privatbibliotheken Deutschlands. Bei einigen Büchern handelt es sich um Unikate oder sehr seltene Werke, außerdem weist der Bestand wertvolle Prachtausgaben und Ansichtenwerke auf, also aufwendig gestaltete und reich bebilderte Bücher. Ihre Anschaffung geht auf den Germanisten und Dichter August Heinrich Hoffmann von Fallersleben zurück, der in den letzten 14 Jahren seines Lebens als Bibliothekar in Corvey wirkte.

Hoffmann nutzte seine Anstellung, um das Profil der Bibliothek nach seinem Geschmack und Interesse zu vervollkommnen. Als er 1860 seinen Dienst antrat, stellte er zu seinem Entsetzen fest, dass sich im Bestand auch ein beträchtlicher Anteil an Unterhaltungsliteratur befand, die er in einem Brief als »Krebsschaden der Bibliothek« bezeichnete.

Aber gerade die vorhandene Belletristik sowie die Reiseliteratur aus dem 18. und 19. Jahrhundert machen die Fürstliche Bibliothek Corvey heute zu etwas Besonderem.

Adresse Fürstliche Bibliothek Corvey, Schloss Corvey, 37671 Höxter, www.schloss-corvey.de | **Anfahrt** A 33 Ausfahrt Paderborn-Zentrum, B 64 Richtung Höxter, Bad Driburg, in Höxter rechts auf Westerbachstraße, links auf Obere Mauerstraße, rechts auf Grubestraße, weiter auf Corbiestraße, weiter auf Corveyer Allee bis zum Schloss | **Öffnungszeiten** Besichtigung über das Museum Höxter-Corvey: Mai–Sept. Mo–So 10–18 Uhr, April und Okt. Di–So 10–18 Uhr | **Tipp** Nach einer ausgiebigen Besichtigung des Schlosses und der Parkanlagen lohnt ein Blick auf den angrenzenden Friedhof. Dort ist die Grabstätte von Hoffmann von Fallersleben zu finden.

64 Die St.-Kiliani-Kirche

Als Kirche macht man ganz schön was mit

Die St.-Kiliani-Kirche ist das Wahrzeichen von Höxter und gleichzeitig die älteste Kirche der Stadt. Die Basilika stammt aus dem 11. Jahrhundert, es soll aber schon einen Vorgängerbau gegeben haben, dessen Entstehung auf das 8. Jahrhundert datiert wird. Das Gotteshaus mit den beiden unterschiedlich hohen Türmen – 45 und 48 Meter – ist somit noch älter als die Stadtrechte von Höxter, die dem Ort erst 1250 verliehen wurden. Seither prägt St. Kiliani das Stadtbild, wenngleich der romanische Sandsteinbau in seiner Vergangenheit viele Veränderungen erlebt und einiges mitgemacht hat.

100 Jahre nach ihrem Bau wurde der Kirche ein Gewölbe auf das ehemalige Flachdach gesetzt. Weitere Umbau-, Anbau- und Ausbaumaßnahmen folgten im Laufe der Jahrhunderte. Nach der Reformation wurde St. Kiliani evangelisch und erhielt neue Ausstattungselemente. Besonders sehenswert sind die wertvolle Renaissance-Kanzel und die Orgel aus dem Barock.

Dass die Kirche mitsamt diesen Schätzen heute noch besucht und bestaunt werden kann, grenzt schon fast an ein Wunder. Die Kanzel mit ihren feinen Reliefs aus Alabaster wäre beinahe einer umfassenden Restaurierung im 19. Jahrhundert zum Opfer gefallen. Die denkmalgeschützte Orgel war von starkem Bleifraß betroffen und musste sieben Jahre lang aufwendig restauriert werden. Und wegen der Belastung durch das nachträglich aufgesetzte Kirchengewölbe waren im 20. Jahrhundert einige Sanierungsmaßnahmen zur statischen Sicherung des Gebäudes notwendig.

Doch damit nicht genug: 2005, nur ein Jahr nach der Wiedereinweihung der runderneuerten Orgel, dem Herzstück der Kirche, explodierte ein Wohnhaus in der Nachbarschaft. Es folgten erneut drei Jahre, die mit Reparaturen am Gebäude und seinem Instrument verbracht wurden. Man wagt kaum auszusprechen, dass seitdem endlich Ruhe in St. Kiliani eingekehrt ist – denn wer weiß schon, wie lange dieser Zustand anhält.

Adresse An der Kilianikirche 1, 37671 Höxter | **Anfahrt** A 33 Ausfahrt Paderborn-Zentrum, B 64 Richtung Höxter, Bad Driburg, in Höxter rechts auf Stummrigestraße, links auf Untere Mauerstraße, am Straßenende rechts in Papenstraße, an deren Ende rechts auf Wegetalstraße, links halten, um auf Uferstraße zu fahren, links auf Weserstraße und sofort wieder rechts auf Am Rathaus | **Öffnungszeiten** April–Okt. Mo–Sa 9–19 Uhr, So 12–19 Uhr, Nov.–März Mo–Sa 9–17 Uhr, So 12–17 Uhr | **Tipp** Über die Tourist-Information kann man eine Führung durch die Wallanlage buchen. Entlang dieses Grüngürtels, der die Altstadt umschließt, erfährt man viel Interessantes über die ehemalige Stadtbefestigung und die mittelalterliche Stadt.

65 Die Brücke am Herrengraben

Funktionslos, aber schön anzuschauen

Zwischen den beiden Kalletaler Ortsteilen Erder und Varenholz erstreckt sich das Naturschutzgebiet Aberg/Herrengraben. Entlang der Weserauen und durch alte Wälder kann man auf einer Wanderung oder Fahrradtour die Natur genießen und sich erholen. So weit erst einmal nichts Ungewöhnliches.

Allerdings befindet sich am Rand des Naturschutzgebietes, in der Nähe von ehemaligen Kies- und Sandabbaugebieten, ein echtes Kuriosum. Man muss dem Wander- und Fahrradweg folgen, der sich fast schnurgerade von Erder nach Vahrenholz zieht und Teil des Kalletalpfades ist. Am Ende des Wegs biegt man nicht nach rechts zum Varenholzer Schloss, sondern nach links in die Straße Beutebrink ab, um am nächsten Feldweg wieder links abzubiegen. Ab dann ist der Weg etwas zugewuchert, und man muss sich fast schon durchs Dickicht schlagen und mehrere 100 Meter weit gehen. Und dann entdeckt man sie: eine historische Brücke, mitten in der Landschaft. Breit genug, um Fuhrwerken Platz zu bieten, und lang genug, um einen Fluss zu überspannen. Aber von Wasser ist hier, außer dem kleinen Bächlein am Herrengraben, nichts zu sehen. Und es gibt auch weit und breit keine Wege, die die Brücke verbinden könnte.

Kein Wunder, dass die Natur sich die 1753 erbaute, vierbogige Steinbrücke zurückerobert hat, sodass man sie vor lauter Bewuchs kaum mehr betreten kann. Im Mittelalter sah das sicher ganz anders aus. Damals überspannte ein Vorgängerbau hier einen Nebenarm der Weser, der später zur Weidelandgewinnung trockengelegt wurde. Die Flussquerung war vermutlich Teil eines wichtigen Verbindungsweges zwischen der Veltheimer Fähre im Norden und einem weiter südlich gelegenen mittelalterlichen Handelsweg – möglicherweise einem Teil des westfälischen Hellwegs.

Von Handelsweg, Fähre und Fluss ist nicht mehr viel übrig. Dafür umso mehr von der Brücke, die damit eine interessante Landmarke im Naturschutzgebiet setzt.

Adresse Beutebrink, 32689 Kalletal-Varenholz | Anfahrt A 2 Ausfahrt Bad Eilsen, nach rechts auf B 83, nach rechts auf B 238, im Rintelner Ortsteil Möllenbeck die B 238 bei einer Gabelung verlassen (leicht rechts halten), auf Weserstraße, auf Varenholzer Straße, rechts auf Beutebrink, Parkplätze am Schloss Varenholz, dann zu Fuß die Straße Beutebrink weitergehen, die erste links auf den benannten Fahrradweg | Tipp Auf dem Kalletalweg kann man auf 51 Kilometern einmal das gesamte Gemeindegebiet umwandern (natürlich auch in Teilabschnitten) und besonders schöne Ecken des nördlichen Lipper Berglandes entdecken.

66 Die Ziegelei

Einblicke in die Welt eines Industriellen

Die Ziegelei in Lage ist Teil des Westfälischen Landesmuseums für Industriekultur und präsentiert dem Besucher entsprechend alles, was man von einem Industriemuseum erwartet. Historische Maschinen, einen alten Ringofen zum Brennen, Vorführungen und Mitmachangebote zur Ziegelproduktion sowie original erhaltene Arbeitsplätze der Ziegler. Sogar eine alte Lorenbahn ist noch erhalten. Mit ihr wurde der Lehm aus dem Abbaugebiet zur Fabrik transportiert. Heute kann man damit eine Fahrt um die ehemalige Lehmgrube unternehmen.

Aber die Ziegelei in Lage bietet noch mehr als das. Nachdem der 1909 durch Gustav Beermann gegründete Familienbetrieb 1979 die Maschinen stilllegte, lebten seine Nachfahren weiterhin in der Unternehmervilla. Das Fabrikgelände wurde trotzdem schon 1984 zum Museum umgebaut. Nach dem Tod Lothar Beermanns, dem Enkel des Firmengründers, im Jahr 2003 erwarb der Landschaftsverband Westfalen-Lippe, der Träger des Museums ist, auch die Villa. In den Räumen ist eine Dauerausstellung zur Firmen- und Familiengeschichte der Beermanns entstanden. Die Besucher können somit nicht nur etwas über die Produktionsweise und Arbeitsbedingungen in der Ziegelei, sondern auch über das Leben der Arbeiter und natürlich der Unternehmerfamilie erfahren. Zum Beispiel, dass die Beermanns, wie viele andere Betriebsbesitzer, neben der Ziegelei zu einem großen Teil von der Landwirtschaft lebten. Oder dass die Ziegler aus Lippe ihr Handwerk so gut beherrschten, dass sie in den Sommermonaten gern gesehene Saisonkräfte in Ziegeleien außerhalb der Region waren.

Obendrauf gibt es im Obergeschoss wechselnde Sonderausstellungen, die oftmals gar nichts mit Ziegeln zu tun haben und trotzdem genau hierherpassen. So gab es beispielsweise Ausstellungen zu Arbeiterfotografien, Lehmbauten im Jemen oder portugiesischer Keramik. Dazu kommen Themenworkshops, Lesungen und Vorträge.

Adresse Sprikernheide 77, 32791 Lage, www.ziegelei-lage.de | **Anfahrt** A 2 Ausfahrt Herford-Bad Salzuflen, B 239 Richtung Bad Salzuflen, Lage, an der Stadtgrenze von Bad Salzuflen-Holzhausen und Lage-Waddenhausen nach links auf Sylbacher Straße, rechts auf Sprikernheide | **Öffnungszeiten** Di–So 10–18 Uhr | **Tipp** Wenn man der B 239 durch Lage in Richtung Detmold folgt, liegen rechter Hand die »Johannissteine«. Dabei handelt es sich um zwei riesige und mehrere kleine Findlinge, von denen der größte 200 Tonnen wiegt.

67 Das Hexenbürgermeisterhaus

Ein dunkles Kapitel der Stadtgeschichte

Irgendetwas ist völlig verkehrt gelaufen in der Biografie Herman Cothmans. Der langjährige Bürgermeister von Lemgo erlangte zweifelhafte Berühmtheit als sogenannter »Hexenbürgermeister«. Während seiner 15-jährigen Amtszeit wurden rund 100 Menschen der Hexerei bezichtigt und hingerichtet. Allein in seinem ersten Amtsjahr wurden 37 solcher Urteile vollstreckt. Damit war dies die intensivste Periode der Hexenverfolgung in der Stadt.

Cothman war 1661, fünf Jahre vor seinem Amtsantritt, vom Jurastudium in Rostock und Jena nach Lemgo zurückgekehrt. Sesshaft wurde er in der Breiten Straße 19, wo er aufgewachsen war. Das Bürgerhaus mit den aufwendigen Verzierungen und Schnitzereien im Stil der Weserrenaissance erhielt durch ihn den Namen »Hexenbürgermeisterhaus«. Doch die prächtige Fassade täuscht. Herman Cothmans kam nicht aus einem wohlhabenden Elternhaus. Sein Vater Dietrich war zwar Jurist und stammte von einer alteingesessenen prominenten Lemgoer Familie ab, er brachte es aber mit seiner Kanzlei nicht zu wirtschaftlichem Erfolg. Vermutlich versuchte Herman dieses »Versagen« des Vaters durch unerbittliche Härte und Machtstreben zu kompensieren. Ziele seiner Hexenjagd sollen häufig politische Gegner gewesen sein, gleichzeitig bereicherte er sich am Vermögen seiner Opfer. Was Cothmans Treiben noch abscheulicher und zugleich paradox wirken lässt: Seine Mutter, aus einer Paderborner Gelehrtenfamilie stammend, war 1654 hingerichtet worden – wegen Hexerei! Warum Herman diesen Teil seiner Familiengeschichte auf solch blutige Weise verarbeitete, bleibt ein Rätsel.

Die Hexenverfolgungen in Lemgo fanden mit dem Tod Herman Cothmans glücklicherweise ein Ende. Geblieben ist das Haus mit dem besonderen Namen und der schönen Fassade. Innendrin beschäftigt sich das Museum mit der Stadtgeschichte, zu der auch diese dunkle Periode gehört.

Adresse Breite Straße 17–19, 32657 Lemgo, www.hexenbuergermeisterhaus.de | **Anfahrt** A2 Ausfahrt Ostwestfalen-Lippe, nach links Richtung Bad Salzuflen, Lemgo, in Lemgo der Herforder Straße folgen, bei beiden Gabelungen rechts halten und auf der Herforder Straße bleiben, die zur Engelbert-Kaempfer-Straße wird, links auf Paulinenstraße, links auf Breite Straße | **Öffnungszeiten** Di–So 10–17 Uhr | **Tipp** Auf dem Kirchplatz von St. Nicolai steht der »Stein des Anstoßes«, der in Gedenken an Maria Rampendahl errichtet wurde. Sie war die letzte Angeklagte in Lemgo, die der Hexerei bezichtigt wurde. Mit ihrem Freispruch endete die Periode der Hexenverfolgung in der Stadt.

68 Das Junkerhaus

Gesamtkunstwerk eines Arbeitstieres

Der Künstler Karl Junker, 1850 in Lemgo geboren, 1912 in Lemgo gestorben, galt als Eigenbrötler und Sonderling. Wer sein selbst gestaltetes Wohn- und Atelierhaus besucht, versteht sofort, wieso. Denn an diesem Gesamtkunstwerk hat Junker die Fassade, die Innenwände und Decken sowie die Möbel mit aufwendigen Schnitzereien verziert. Und das mit so viel detailgenauer Arbeit, dass ihm dabei wahrscheinlich keine Zeit mehr für soziale Kontakte blieb.

Ob das, was Junker geschaffen hat, gefällt, muss jeder Besucher für sich selbst entscheiden. Besonders die Innenausstattung, die nahezu vollständig aus Holz besteht, mag auf manchen dunkel und beklemmend wirken. Beeindruckend ist es aber in jedem Fall, mit welcher Feinarbeit Junker außergewöhnliche Möbelstücke, wie beispielsweise den geschnitzten Sekretär in seinem Arbeitszimmer, geschaffen hat.

Dass sein Werk nicht immer den Geschmack des Publikums trifft, musste Junker schon zu Lebzeiten erfahren. Nach seiner Ausbildung zum Tischlergesellen zog es ihn zum Kunststudium nach München und später auf eine zweijährige Studienreise durch Italien, bevor er wieder in Lemgo sesshaft wurde. Junker war Maler und Holzbildhauer, er zeichnete und baute Möbel, entwarf Architekturmodelle. 1914, zwei Jahre nach seinem Tod, wurden in einer Ausstellung Gemälde, Aquarelle, Entwürfe und Holzreliefs Junkers in der »Neuen Sezession« in Berlin gezeigt. Die Meinungen dazu gingen weit auseinander. Erst Jahrzehnte später fand sein malerisches und bildhauerisches Werk die verdiente Beachtung.

Das Junkerhaus wurde in den Jahren 2001 bis 2004 umfassend restauriert. Währenddessen entstand dahinter ein moderner Neubau, in dem das zugehörige Museum untergebracht ist. Der Anbau war notwendig, um Zeichnungen und Gemälde, Skulpturen, Architekturmodelle und Möbel von Karl Junker zeigen zu können, ohne das Gesamtkunstwerk Junkerhaus zu überfrachten.

Adresse Hamelner Straße 36, 32657 Lemgo, www.junkerhaus.de | **Anfahrt** A 2 Ausfahrt Ostwestfalen-Lippe, links Richtung Bad Salzuflen, Lemgo, in Lemgo der Herforder Straße folgen, bei beiden Gabelungen rechts und auf Herforder Straße bleiben, die zur Engelbert-Kaempfer-Straße wird, links auf Stiftstraße, weiter auf Schuhstraße und Regenstorstraße, große Kreuzung überqueren, halb rechts auf Hamelner Straße | **Öffnungszeiten** April–Okt. Di–So 10–17 Uhr, Nov.–März Fr–So 11–15 Uhr | **Tipp** Unter der Adresse Slavertor-Wall 15 findet man den krassen Gegensatz zum Junkerhaus. Die Villa Kleßmann ist das einzige Lemgoer Gebäude, das im schlichten Stil der Bauhaus-Architektur errichtet wurde.

69_Die Lipperlandhalle

Von der Schulsporthalle zur Profi-Arena

Wer Anfang der 80er Jahre in die Kreissporthalle im Lemgoer Lüttfeld ging, um den ortsansässigen Handballverein in den Niederungen der Regionalliga anzufeuern, hätte wohl kaum damit gerechnet, dass ebenjener Club, der TBV Lemgo, rund 15 Jahre später die dominierende deutsche Mannschaft sein würde. Meister, Pokalsieger und sogar Europokalsieger. Das Team war Mitte der 90er das Maß aller Dinge.

Anders hingegen die Spielstätte, in der man antrat. Sie war – trotz diverser Modernisierungen und Erweiterungen – längst nicht mehr State of the Art und wurde zunehmend zu einem Hemmnis bei der weiteren sportlichen Entwicklung. 1977 erbaut, diente die »Lüttfeldhalle« vor allem dem Schulsport der angrenzenden Berufsschulen. Gerade einmal 200 Zuschauer fasste das Gebäude damals. Im Zuge der zunehmenden Erfolge des TBV wurde es Stück für Stück erweitert, ohne jedoch den eigenwilligen Charme einer Schulsporthalle ganz ablegen zu können. Mitte der 90er Jahre hatte sie ein Fassungsvermögen von 2.000 Zuschauern. Noch immer zu wenig, wie sich schon bald herausstellen sollte.

Als der Verein 1997 die deutsche Handballspitze erklommen hatte, war es endlich so weit. Mit Hilfe von Landesmitteln nahmen der TBV, der Kreis und die Stadt den Umbau der Halle zu einer modernen Arena in Angriff. Eine neue Fassade aus Glas und Sichtbeton, großzügige Treppenhäuser und Foyers im Inneren, ein neuer Eingangsbereich und nicht zuletzt aufwendige Tribünenerweiterungen waren nur einige der Umbaumaßnahmen. Heute bietet die inzwischen in »Lipperlandhalle« umbenannte Spielstätte Platz für 5.000 Besucher. Eine eigens gegründete Betreibergesellschaft koordiniert neben dem Profisport auch Großveranstaltungen wie Konzerte und Messen. Die Rahmenbedingungen für großen Handballsport in Lemgo sind also gegeben. Jetzt muss nur noch die Mannschaft an die erfolgreichen Zeiten aus den 90er Jahren anknüpfen.

Adresse Bunsenstraße 39, 32657 Lemgo | **Anfahrt** A 2 Ausfahrt Ostwestfalen-Lippe, nach links Richtung Bad Salzuflen, Lemgo, in Lemgo Herforder Straße folgen, rechts auf Isringhausen-Ring, im Kreisverkehr 2. Abfahrt auf Am Wasserturm, am nächsten Kreisverkehr 1. Abfahrt auf Detmolder Weg, links auf Liebigstraße und nochmals links auf Langenbruch, bis zum Ende durchfahren | **Öffnungszeiten** zu den Veranstaltungen | **Tipp** Nicht weit entfernt kann man selbst sportlich aktiv werden. Das Eau-Le ist nicht nur Freizeitbad, sondern bietet auch Schwimm- und Fitnesskurse an.

70 Das Schloss Brake

Weserrenaissance von außen und von innen

Schloss Brake, im Südosten Lemgos, war einst die größte mittelalterliche Burg Norddeutschlands. Im 16. Jahrhundert wurde die bestehende Anlage zum repräsentativen Schloss umgebaut, erhielt einen Wassergraben und einen weithin sichtbaren Turm. Das war nichts Außergewöhnliches, denn zur damaligen Zeit florierte die Wirtschaft entlang der Weser, die als wichtigster Transportweg für den Aufschwung in der Region verantwortlich war. Somit erlebte der Weserraum im 16. Jahrhundert einen regelrechten Bauboom, im Zuge dessen auch die niederen Adligen ihre alten Burgen um- und ausbauten. Und so begegnet man ihr überall – der sogenannten Weserrenaissance. Doch was macht diese Architektur eigentlich aus? Antworten auf diese Frage kann man im Schloss Brake erhalten. Denn es ist nicht nur äußerlich ein hübscher Vertreter der Weserrenaissance, sondern beherbergt eine Ausstellung, die sich mit dem Baustil beschäftigt.

Geprägt wurde der Begriff vom Düsseldorfer Kunstprofessor Richard Klapheck, der 1912 ein Werk über die Bauentwicklung in Westfalen verfasste. Demzufolge zeichnete sich die Architektur entlang der Weser im 16. und 17. Jahrhundert durch reich dekorierte Giebel aus und kann als eigenständige Variante der nordischen Renaissance bezeichnet werden.

Da dieser Baustil in ungewöhnlich hoher Dichte in der Region erhalten geblieben ist, wurde 1986 das Weserrenaissance-Museum im Schloss Brake eingerichtet. Es ist Ausstellungsort für Kunst dieser Epoche, zeigt die kulturelle Vielfalt im Weserraum und beherbergt ein Forschungszentrum zur Nordwestdeutschen Renaissance. Und ausgerechnet hier wird angezweifelt, dass die Weserrenaissance ein eigenständiger Baustil ist! Die wissenschaftlichen Studien zeigen nämlich, dass die verantwortlichen Bauherren auch überregional tätig waren, sich Architekten von auswärts holten und mit Architekturvorlagen arbeiteten.

Adresse Schloßstraße 18, 32657 Lemgo-Brake, www.wrm.lemgo.de | **Anfahrt** A 2 Ausfahrt Ostwestfalen-Lippe, nach links Richtung Bad Salzuflen, Lemgo, in Lemgo Herforder Straße folgen, bei beiden Gabelungen rechts halten und auf Herforder Straße bleiben, die zur Engelbert-Kaempfer-Straße wird, links auf Paulinenstraße, rechts auf Langenbrücker Tor und gleich links auf Braker Straße, weiter auf Lemgoer Straße, links auf Schloßstraße | **Öffnungszeiten** Di–So 10–18 Uhr | **Tipp** Das Rathaus in Lemgo ist mit seinen verschiedenen Anbauten ein Paradebeispiel der Weserrenaissance.

71__Der Staff-Park

Kombiniert Naturschutz mit Kunst

Eine Parkanlage, die so gestaltet wurde, dass man sie in manchen Teilen gar nicht als solche wahrnimmt – das ist der Staff-Park in Lemgo. Streuobstwiesen, heimische Feldgehölze und Wildblumenwiesen vermitteln das Gefühl, in einer gewachsenen, naturbelassenen Landschaft zu stehen. Doch sorgfältig angelegte Baumreihen, gepflegte Wege und zwischendurch auch mal eine Kunstskulptur verraten, dass hier ein Konzept hinter der geordneten Unordnung steckt.

Dahinter steht die Stiftung der ehemaligen Leuchtenfabrikanten Alfred und Werner Staff. Ihre Ziele sind die Förderung des Natur- und Landschaftsschutzes sowie der Kunst.

1993 nahm sich die Staff Stiftung das Gelände rund um den ehemaligen Wohnsitz der Stifter vor. Jahrzehntelange, intensive landwirtschaftliche Nutzung hatte die ursprüngliche Vegetation verdrängt und die Böden mit Düngemittel und Pestiziden belastet. Außerdem kam es durch die Verdichtung des Bodens und das Fehlen von Gräsern und Sträuchern regelmäßig zu Überschwemmungen des angrenzenden Wohngebietes. Mit dem Park sollte wieder ein natürliches Landschaftsbild geschaffen werden, das frei zugänglich ist und für die Bewohner eine stadtnahe Erholung ermöglicht. Gleichzeitig sollte die Renaturierung für eine bessere Aufnahme und Zurückhaltung des Regenwassers sorgen. Gemäß dem Stiftungsziel des Naturschutzes erfolgte die Gestaltung des Parks eher behutsam. Und nebenbei wurde auch das zweite Ziel der Staff Stiftung im Park umgesetzt: die Integration von Kunstobjekten. »Das blaue Leuchten«, ein mächtiger Steinblock, der durch das Mineral Anthorit seine besondere Farbe erhält, ist eines dieser Kunstwerke. Die Skulptur ist nicht einfach angekauft und im Park aufgestellt worden, sondern der Künstler Dorsten Diekmann entwickelte sie vor Ort – unter freien Himmel und vor den Augen der Besucher. Seitdem fasziniert sie selbige durch ihr Farbenspiel.

Adresse Waterfohr 40, 32657 Lemgo | Anfahrt A 2 Ausfahrt Ostwestfalen-Lippe, nach links Richtung Bad Salzuflen, Lemgo, in Lemgo Herforder Straße folgen, bei der 1. Gabelung rechts, bei der 2. links und später links auf Leopoldstraße, um auf der B 238 Richtung Kalletal, Rinteln zu bleiben, rechts auf Langenfelder Weg, bei Hausnummer 58 scharf rechts auf Waterfohr | Öffnungszeiten frei zugänglich, Ruhezeit ab 22 Uhr | Tipp Die St.-Nicolai-Kirche inmitten der historischen Altstadt prägt mit ihren zwei unterschiedlichen Turmhelmen das Detmolder Stadtbild.

72 Das STATTGESPRÄCH

Amateure bringen Kultur in den Bahnhof

Seit einigen Jahren überall das gleiche Szenario: Die Kommunen sind knapp bei Kasse, wenn nicht sogar hoch verschuldet, und als Erstes wird an der Kultur gespart. Mancherorts bedeutet dies sogar das Aus für das städtische Theater. In Lemgo ist das anders. Die Stadt hat sich noch nie ein Theater geleistet – und trotzdem eines bekommen. 1996 gründete Frank Wiemann mit einigen Mitstreitern »Die Freie Theatergruppe STATTGESPRÄCH«. Seitdem bereichert das Amateurtheater mit seinem professionellen Anspruch das Lemgoer Kulturangebot und belastet dabei das Stadtsäckel mit keinem Cent. Im Gegenteil, das Theater stellt der Stadtverwaltung für jede Spielzeit ein Karten-Kontingent zur Verfügung, das preisgünstig an Geringverdiener abgegeben werden kann.

Ein Theater, das ohne öffentliche Zuschüsse überlebt und auch noch spendabel sein kann? Wie soll das funktionieren? Durch eine kontinuierlich steigende Zuschauerzahl, Sponsoren und Förderer und natürlich den unermüdlichen Einsatz des Ensembles. Pro Spielzeit, die von April bis September läuft, werden mindestens sechs Inszenierungen mit rund 50 Vorstellungen – vorwiegend an den Wochenenden – auf die Bühne gebracht. Die 20 Darstellerinnen und Darsteller kümmern sich neben ihren Hauptberufen auch noch um Technik, Bühnenbau, Regie, Produktion, Organisation und Öffentlichkeitsarbeit.

Die Vorstellungen sind immer im Lemgoer Bahnhof, der bei vielen Lippern nur noch den Titel »Kulturbahnhof« hat. In dem kleinen Theater des STATTGESPRÄCHs finden bis zu 120 Besucher Platz. Neben der Möglichkeit, Sondervorstellungen zu buchen, kann man dort auch Gastspiele anderer Theatergruppen sehen. Über 100.000 Zuschauer haben bisher die rund 50 Inszenierungen gesehen und waren begeistert. Dies wurde 2007 mit einer besonderen Auszeichnung honoriert: STATTGESPRÄCH ist seitdem Kulturpreisträger des Landesverbandes Lippe.

Adresse Bahnhofsplatz 1, 32657 Lemgo, www.stattgespraech.de | Anfahrt A 2 Ausfahrt Ostwestfalen-Lippe, nach links Richtung Bad Salzuflen, Lemgo, in Lemgo Herforder Straße folgen, bei beiden Gabelungen rechts halten, Herforder Straße wird zur Engelbert-Kaempfer-Straße, bis zum Bahnhofsplatz folgen | Öffnungszeiten zu den Vorstellungen | Tipp Ganz in der Nähe liegt der Abteigarten, eine schöne, zwei Hektar große innerstädtische Parkanlage.

73 Die Aqua Magica

Der Park mit dem ostwestfälischen Geysir

Landesgartenschauen sind viel mehr als ein mehrmonatiges Open-Air-Spektakel, für das ein paar Blumen und Bäume angepflanzt werden. Mit der Ausrichtung einer solchen Schau verfolgt die Gastgeberstadt meist eine langfristige Steigerung des Freizeitwertes und der Lebensqualität – sowohl für ihre Einwohner als auch für ihre Gäste. Von der Landesgartenschau im Jahr 2000 profitierten gleich zwei Städte: Bad Oeynhausen und Löhne. Der Landschafts- und Kulturpark AQUA MAGICA, der Park der Magischen Wasser, verbindet beide Städte miteinander.

Mit den »magischen Wassern« sind die heilsamen Sole- und Thermalquellen gemeint, die nicht nur unter dem 20 Hektar großen Gelände, sondern in ganz Ostwestfalen-Lippe zu finden sind. Sie sind der Bodenschatz der Region, die dadurch eine unglaublich hohe Dichte an Kur- und Gesundheitszentren aufweist. Bei der Gestaltung bezogen die französischen Landschaftsarchitekten die unterirdischen Wasserläufe ein, machten sie sichtbar und an manchen Stellen durch aufwendige Technik erlebbar. So zum Beispiel beim Wasserkrater, der die Hauptattraktion des Parks darstellt. Begleitet von Licht- und Klanginstallationen kann man hier 18 Meter in die Tiefe steigen und in regelmäßigen Abständen die gewaltige Kraft einer bis zu 30 Meter emporschießenden Fontäne erleben. Wer sich das Spektakel von der unteren Besucherplattform aus ansehen möchte, sollte gute Regenbekleidung oder Lust auf eine erfrischende Dusche haben.

Außer dem Krater lohnt es sich, die dreistufigen Gärten zu besuchen, die verschiedene Gruppen von Wasserpflanzen zeigen. Außerdem kann man auf der Allee des Weltklimas mit ihren 240 Platanen spazieren gehen oder eine der besonderen Kulturveranstaltungen besuchen, wie das Internationale Literaturfest »Poetische Quellen« oder das »Sommerfest der kleinKunst«, die jährlich im Sommer stattfinden.

Adresse Bültestraße 50, 32584 Löhne-Gohfeld | **Anfahrt** A 30 auf B 61 folgen, auf Brunnenstraße Richtung Bad Oeynhausen-Zentrum, rechts auf Herforder Straße, weiter auf Koblenzer Straße, im Kreisverkehr 3. Abfahrt auf Bültestraße, dort befinden sich mehrere Parkplätze, einer direkt am Wasserkrater | **Öffnungszeiten** Park: Mo–So 9 Uhr bis Einbruch der Dunkelheit; Wasserkrater und Wassergärten: Mai–Sept. Do–Fr 11–18 Uhr, Sa, So und Feiertage 10–19 Uhr | **Tipp** Das an den Park angrenzende Mühlenmuseum Kemena zeigt, wie die Menschen sich das Wasser ohne sprudelnde Quellen entlang eines Flusslaufs zunutze machten.

74 Die Rürupsmühle

Vom Korn zum Brot

Zwischen Herford und Löhne liegt eine Mühle, die man erst gar nicht als solche erkennt. Kein Windrad, das die Aufmerksamkeit schon von Weitem auf sich zieht. Stattdessen ein kleines Fachwerkensemble, das sich beschaulich um einen Teich gruppiert. Die Rürupsmühle ist nämlich keine Wind-, sondern eine Wassermühle.

Aber aufgepasst: Nicht das hübsche, reetgedeckte Bauernhaus, auf das der Blick zuerst fällt, ist hier die Hauptattraktion. Nein, es geht um das kleine, unscheinbare Fachwerkhaus mit dem tief heruntergezogenen Dach am gegenüberliegenden Teichufer. 1587 erstmals urkundlich erwähnt, wurde hier im Mühlenraum über 400 Jahre lang mit der Kraft des Wassers Korn gemahlen. Das Besondere an der Rürupsmühle: Das Wasserantriebsrad befindet sich im Inneren des Gebäudes. Das hatte den Vorteil, dass es im Winter nicht so schnell vereiste und die Mühle zum Stillstand brachte. Diese geniale Idee setzten die Besitzer aber erst im Jahre 1854 um, als das Gebäude vergrößert wurde. Da hatte die Mühle schon fast 300 Betriebsjahre hinter sich. Nach rund 100 weiteren Jahren kam sie dann zum Stehen. Und zwar endgültig. Der Mühlenbetrieb wurde aufgegeben, das Gebäude verfiel zunehmend.

Als sich in den 1980er Jahren der Verein »Vom Korn zum Brot« gründete, um die Rürupsmühle wieder instand zu setzen, waren umfassende Sanierungs- und Wiederaufbauarbeiten nötig. Für die Mühlentechnik wurden sogar Mahlstein, Wasserrad und weitere mechanische Teile aus einer anderen Löhner Mühle verwendet. Auch die übrigen historischen Gebäude stammen aus der Umgebung und wurden zur Ergänzung hierhergeschafft.

Heute duftet es in der Mini-Museumsanlage zweimal im Monat nach frisch gebackenem Brot. An dessen Entstehungsprozess können die Besucher tatkräftig mitwirken: vom Dreschen und Mahlen des Korns bis zum Backen des Brotes. Und gegessen wird es anschließend ebenfalls gemeinsam.

Adresse Unter der Burg 43/Loher Straße, 32584 Löhne-Wittel, www.ruerupsmuehle.de | **Anfahrt** A 2 Ausfahrt Exter, nach links beziehungsweise am Kreisverkehr 3. Abfahrt Richtung Löhne abbiegen, nach links auf Witteler Straße, am Straßenende rechts, kurz vor der B 61 rechts auf Loher Straße, nachdem zwei rechter Hand liegende Höfe passiert wurden, rechts auf Unter der Burg | **Öffnungszeiten** in der Regel 1. und 3. Sa, So im Monat 14–18 Uhr | **Tipp** Freunde des Golfsports sollten ihre Ausrüstung dabeihaben. Schließlich passiert man bei der Anfahrt gleich zwei Golfclubs.

75 Barre's Brauwelt

Ein Ostwestfale mit bayrischem Handwerk

Ostwestfalen-Lippe ist zweifellos eine Bierregion. Neben der bekannten Biermarke aus dem Felsenkeller bei Herford gibt es ein Dutzend weiterer Braustuben, von denen die Privatbrauerei Barre die größte ist. Der gebürtige Lübbecker Ernst Johann Barre hatte in Bayern das Brauhandwerk erlernt und den Betrieb 1842 in seiner Heimatstadt eröffnet. Mit Erfolg: Das neue Bier kam bei den Kunden so gut an, dass schon bald drei andere ortsansässige Brauereien schließen mussten. Dies war die Geburtsstunde einer bis heute erfolgreichen Traditionsmarke, die mittlerweile seit sechs Generationen in Familienbesitz ist.

Die Barre-Geschäftsführer legten stets Wert auf Modernisierung, um die hohen Qualitätsansprüche an das eigene Produkt zu erfüllen. Anfang der 1980er Jahre stand der größte Umbruch für die Brauerei auf dem Plan. Als ein neuer Gär- und Lagerkeller gebaut wurde, musste eine neue Nutzungsmöglichkeit für den bisherigen gefunden werden. Denn das eindrucksvolle Kalksandsteingebäude stand schon lange unter Denkmalschutz.

Ein leeres Gebäude und jede Menge ausrangierte, aber sorgfältig aufbewahrte Kessel und Anlagen – die Idee für ein Brauereimuseum war geboren. Mehr als zehn Jahre wurde gewerkelt und saniert. Einen großen Teil der Arbeit übernahmen pensionierte Barre-Mitarbeiter, der sogenannte Seniorenclub. Sie befreiten die riesigen Wände vom Kalkputz, um das alte Mauerwerk freizulegen, und bereiteten die ausrangierten Maschinen für die Ausstellung auf. Und so kann man seit 2001 durch die 13 Gewölbe wandeln und im Brauereimuseum einen Einblick in die Historie der Brauerei und des Bierbrauens erhalten. Am besten lässt man sich die Funktionsweise der alten Gerätschaften bei einer Führung erklären. Und weil es das einzige Museum der Region ist, das sich mit diesem Thema beschäftigt, trägt Barres Brauereimuseum gleichzeitig den Titel Brauereimuseum Ostwestfalen.

Adresse Berliner Straße 121–123, 32312 Lübbecke | Anfahrt A 30 Ausfahrt Kirchlengern, B 239 Richtung Lübbecke nehmen und bis zur Brauwelt folgen | Öffnungszeiten Di–Sa 12–22 Uhr, So 10–16 Uhr | Tipp Im Lübbecker Ortsteil Gehlenbeck kann man ebenfalls eine Zeitreise unternehmen. Im Gehrmker Hius wird das bäuerliche Leben vor 100 Jahren gezeigt.

76 Das Große Torfmoor

Sumpfig und schützenswert

Obwohl – oder gerade weil – es sie heutzutage kaum noch gibt, haben Moore eine große naturräumliche Bedeutung. Sie bieten einen Lebensraum für seltene und bedrohte Tier- und Pflanzenarten. Deshalb stehen sie unter besonderem Schutz. So wie das Große Torfmoor, das sich zwischen der Gemeinde Hille und der Stadt Lübbecke erstreckt. Mit einer Fläche von 467 Hektar ist es das bedeutendste Hochmoor Westfalens und nimmt einen besonderen Stellenwert für den europäischen Naturschutz ein.

Was man nicht vermuten würde: Das Moor verdankt seine Existenz der Weser, die einige Kilometer entfernt durch Minden fließt. In der Eiszeit sah dies noch anders aus: Damals versperrten Gletscher den Weg Richtung Norden und stauten den Fluss in westlicher Richtung zu einem See auf. Das Wetter wurde wärmer, das Eis schmolz ab, und die Weser schlug wieder den Weg Richtung Nordsee ein. Zurück blieb eine Wasserfläche, die zunehmend verlandete und sich zunächst zum Niedermoor, später zum Hochmoor entwickelte. Letzteres zeichnet sich dadurch aus, dass es sich ausschließlich aus Regenwasser speist.

Mehr als drei Jahrhunderte lang wurde auf der Fläche Torf abgebaut und als günstiges Brennmaterial sowie für den Fachwerkhausbau genutzt. Durch den Torfabbau und die intensive Entwässerung, die bis zur Mitte des 20. Jahrhunderts betrieben wurden, sind die Wasserflächen im Moor stark zurückgegangen und mit ihnen die hier ansässigen Tier- und Pflanzenarten. Seit 1970 setzt der Naturschutzbund Deutschland e. V. erfolgreiche Wiedervernässungsmaßnahmen um. Dadurch konnten sich Flora und Fauna erholen und regenerieren. Damit Besucher das Moor erkunden können, ohne die geschützte Natur zu beeinträchtigen, wurden Holzbohlenwege gebaut. Es gibt beschilderte Rundwanderwege, und ein Moor-Erlebnispfad vermittelt Wissenswertes über den Naturraum Großes Torfmoor.

Adresse Frotheimer Straße 59, 32312 Lübbecke-Gehlenbeck (Parkplatz des Lübbecker Freibades als Startpunkt einer Begehung des Moores) | Anfahrt A 30 Ausfahrt Kirchlengern, B 239 Richtung Lübbecke, rechts auf B 65 (Mindener Straße), links auf Isenstedter Straße und sofort wieder halb rechts auf Kreuzbrede, weiter auf Niederdorfstraße und Frotheimer Straße, vom hinteren Teil des Parkplatzes führt der Weg direkt ins Torfmoor | Tipp Das Gut Renkhausen mit dem gemütlichen »Café im kleinen Stall« ist nur einen Katzensprung vom Moor entfernt.

77_Die Osterräderstadt

Nicht nur zu Ostern eine Reise wert

Es ist jedes Jahr das Highlight der Region: wenn am Nachmittag des Ostersonntags in Lügde die mannshohen Eichenräder auf Pferdewagen durch die Stadt zum Osterberg gefahren werden. Dort angekommen werden sie mit Roggenstroh gestopft, sehr sorgfältig und gewissenhaft, damit nichts vorzeitig herausfällt. Und dann die Anspannung Tausender von Menschen, die sich in der Dunkelheit im Tal und auf den umliegenden Bergen eingefunden haben. Sie alle warten auf den magischen Moment, wenn aus dem ersten der sechs Räder die Flammen auflodern und es sich, zunächst langsam, dann immer schneller, den Berg hinabbewegt.

Kaum zu glauben, wie viele Menschen sich selbst heutzutage noch für so eine uralte Tradition begeistern. Mehr als 20.000 Schaulustige sollen es jedes Jahr sein – doppelt so viele wie im Städtchen Lügde überhaupt wohnen.

Ganz so viele werden es vor rund 2.000 Jahren nicht gewesen sein, die den Vorläufern dieses Brauchs beigewohnt haben. In Aufzeichnungen aus dem Jahr 784 nach Christus wird der Osterräderlauf erstmalig schriftlich erwähnt. Es soll aber schon viel früher bei den keltischen und germanischen Stämmen mit sogenannten Sonnenscheiben eine ähnliche Tradition gegeben haben. Die Osterräder tragen zwar das christliche Auferstehungsfest im Namen, sie wurden früher aber anlässlich des Frühlingsbeginns entzündet, um die Rückkehr der hellen Jahreszeit zu feiern. Außerdem sollte ein heil den Berg hinabgerolltes Feuerrad das gute Gedeihen der Ackerfrucht voraussagen.

Selbst wenn es die Osterrädertradition auch in anderen Regionen Deutschlands gibt, bezeichnet sich Lügde als die wahre Osterräderstadt. So wird man schon am Ortseingang von einem stattlichen Osterrad begrüßt. Und auch im Heimatmuseum (Hintere Straße 86) mit seiner stadtgeschichtlichen Ausstellung kann man alles über diesen jahrtausendealten Brauch erfahren.

Adresse 32676 Lügde | **Anfahrt** von Westen kommend B 66 nehmen, bei Barntrup nach rechts auf B 1 Richtung Süden, von Süden oder Norden kommend B 1 nehmen und südlich von Barntrup Richtung Lügde, Bad Pyrmont abbiegen, über die Höxterstraße den historischen Stadtkern von Lügde befahren | **Öffnungszeiten** Mo–Di und Do–So 14–19 Uhr | **Tipp** Lügde besitzt einen der am besten erhaltenen historischen Stadtkerne in Nordrhein-Westfalen. Sogar die Stadtmauer mit Wehrtürmen und die ursprünglichen Straßengrundrisse sind noch vorhanden.

78 Der Laubengang am Rathaus

Er repräsentierte die Macht und trotzte den Bomben

Der Dom verrät es noch heute: Die Stadt Minden hat einen christlichen Ursprung, denn sie wurde um das Jahr 800 als Bistum gegründet. Aber gut 400 Jahre später lösten sich die Bürger von ihrem kirchlichen Oberhaupt und erhielten die Stadtrechte. Ab diesem Zeitpunkt hatte der Rat das Sagen. Im Jahr 1260 stellte er dies durch den eindrucksvollen Neubau eines Rathauses klar. Und um dem benachbarten Klerus die Macht des Bürgerrates zu demonstrieren, gestaltete er die Front im Erdgeschoss als repräsentativen Laubengang. Bei der Architektur der Arkaden bediente man sich gnadenlos beim Formenwerk klösterlicher Kreuzgänge, wie es auch einen im Mindener Dom gibt.

Der Bürgerrat hat zwar bis heute seine Macht über die Stadt behalten, allerdings nicht sein Rathaus. Das fiel den Zerstörungen des Zweiten Weltkrieges zum Opfer. Doch zum Glück nicht vollständig – der Laubengang bewies Standfestigkeit und trotzte den Bomben. Der Wiederaufbau des zerstörten Gebäudes erfolgte leider nicht originalgetreu, denn der beauftragte Architekt Werner March hatte seine eigenen Vorstellungen, die er oftmals auch gegen die der Stadtverwaltung durchsetzte. Schließlich stammen von ihm berühmte Bauten, wie das Berliner Olympiastadion. Marchs Vorschläge führten zu immensen Kostensteigerungen und letztendlich zur Erschöpfung des Budgets für den Bau. Erst ein eigens gegründeter Bürgerverein konnte die fehlenden Gelder auftreiben und damit die Fertigstellung des neuen Alten Rathauses sichern.

Doch allen Querelen zum Trotz: Der Laubengang blieb, wie er war. Zum Glück, schließlich ist er der älteste erhaltene Teil eines Rathauses in ganz Westfalen.

Und wenn man genau hinsieht, wird es deutlich: Die strengen Linien des wiederaufgebauten Rathauses heben sich klar von den gotischen Spitzbögen des Laubengangs ab. Und dennoch wirkt der Gesamteindruck irgendwie harmonisch.

Adresse Markt 1, 32423 Minden | **Anfahrt** A 2 Ausfahrt Porta Westfalica, B 482 Richtung Porta Westfalica, Minden, links auf B 61, rechts abbiegen, durch den Wesertunnel Richtung Innenstadt fahren, rechts auf Portastraße Richtung Weserstadion, weiter auf Klausenwall, links auf Vinckestraße, hier parken und über Kleiner Domhof zum Rathaus gehen | **Tipp** Hinter der Martinikirche, an der Hohen Straße, befindet sich das sogenannte Windloch. Ein kleines Fachwerkhaus bei dessen Anblick klar wird, woher es seinen Namen hat.

79_Das Mindener Kreuz

Groß, wertvoll, beeindruckend

Beim Mindener Kreuz wird manch einer vielleicht an das bekannte Wasserstraßenkreuz denken. Kunstkenner wissen jedoch, dass es sich hierbei um das Herzstück des Mindener Doms handelt, das gleichzeitig einen der größten Kunstschätze der Romanik in Deutschland darstellt. Das Kruzifix lockt kunstinteressierte Besucher aus aller Welt an.

Vermutlich kam es zur Weihe des neuen Domes im Jahr 1071 nach Minden. Fachleute streiten sich jedoch bis heute darüber, wo das seltene Großkreuz vor knapp 1.000 Jahren gefertigt wurde. Am wahrscheinlichsten gilt die These, dass es der Mönch Roger von Helmarshausen aus dem gleichnamigen Kloster war, der es im 11. Jahrhundert geschaffen hat. Dieser Schluss drängt sich bei Betrachtung des Lendentuches und der Augen des Bronzecorpus Jesu Christi auf. Sie bestehen aus Niello, einer Mischung aus Silber, Kupfer, Blei, Schwefel und Borax. Die Niello-Technik wurde in diesem Kloster gepflegt und von Roger von Helmarshausen weiterentwickelt.

Aber das ist nicht die einzige Besonderheit, mit der das Mindener Kreuz aufwarten kann. Allein schon seine Größe mit 1,17 Metern Höhe und 1,07 Meter Breite beeindruckt die Besucher. Auch die Darstellung von Jesus Christus ist ungewöhnlich: Sein Körper ist unverwundet, das Gesicht wirkt nicht schmerzverzerrt, die Füße ruhen nebeneinander auf einem geflügelten Drachen, dem Symbol des Bösen. Trotz des geneigten Kopfes, der für den Augenblick des Todes steht, sieht man in Jesus nicht den geschlagenen Toten. Man könnte meinen, er schliefe nur, um schon bald zu neuem Leben aufzuerstehen.

Während sich das Originalkreuz heute in der Domschatzkammer (Großer Domhof 30) befindet und dort besichtigt werden kann, hängt über dem Vierungsaltar des Domes seit 1992 eine eindrucksvolle Kopie. Wer also den Bund der Ehe im Mindener Dom schließt, erlebt in zweierlei Hinsicht einen ehrfürchtigen Augenblick.

Adresse Großer Domhof 10, 32423 Minden | **Anfahrt** A 2 Ausfahrt Porta Westfalica, B 482 Richtung Porta Westfalica, Minden, links auf B 61, rechts durch den Wesertunnel Richtung Innenstadt, rechts auf Portastraße Richtung Weserstadion, weiter auf Klausenwall, links auf Vinckestraße bis zum Dom | **Öffnungszeiten** Dom: Mo–Sa 7.45–18 Uhr, So 8.30–18 Uhr; Domschatzkammer: Mo–Do 10–17 Uhr, Fr 10–12 und 15–17 Uhr, Sa–So 10–12 Uhr | **Tipp** Die Domschatzkammer befindet sich im »Haus am Dom« an der Südseite des Kleinen Domhofs. Der Mindener Domschatz zählt zu den bedeutendsten Sammlungen kirchlicher Kunstwerke.

80 Die Schiffmühle

Ein schwimmendes Mahlwerk auf der Weser

Der gesamte Kreis Minden-Lübbecke ist ein riesiges Freilichtmuseum – und zwar für Mühlen. Im Kreisgebiet befinden sich besonders viele und gut erhaltene Wind- und Wassermühlen, zwei Rossmühlen, die mit Pferdekraft betrieben wurden, und sogar eine äußerst seltene Schiffmühle. 43 dieser Bauwerke bilden gemeinsam die Westfälische Mühlenroute, die auf einer Rundtour von 320 Kilometern besucht werden kann.

Die Schiffmühle ist ein echtes Highlight auf dieser Tour, schließlich ist sie das einzige funktionsfähige Exemplar dieser Art in Deutschland. Sie ist aber kein Original, sondern nur ein originalgetreuer Nachbau, was dem Laien auf den ersten Blick allerdings niemals auffallen würde. Und so kann man auf dem schwimmenden Mahlwerk in vergangene Zeiten eintauchen und sich vorstellen, wie es früher auf der Weser ausgesehen haben mag. Denn die Stadt Minden verpachtete bereits im 14. Jahrhundert sechs Liegeplätze für Schiffmühlen. Rund 300 Jahre später sollen hier bis zu zwölf Exemplare gelegen haben. Anfang des 19. Jahrhunderts waren die Schiffmühlen der aufkommenden Dampfschifffahrt im Weg, und so verschwanden sie aus dem Stadtbild – nicht nur in Minden, sondern auch im restlichen Europa.

Obwohl die Schiffmühle Minden der einzige Nachbau der westfälischen Mühlenstraße ist, gehört sie dennoch zu den beliebtesten Ausflugszielen. 25.000 Menschen kommen jedes Jahr in das hölzerne Gebäude auf dem Wasser. Und das, obwohl es nur von April bis Oktober geöffnet ist. Vielleicht liegt's ja mitunter auch am benachbarten Schiffmühlen-Pavillon mit seinem gemütlichen Biergarten. Und sicher auch an den verschiedenen Kulturveranstaltungen, die regelmäßig auf dem Schiff stattfinden. Empfehlenswert ist ein Besuch am späten Abend, denn durch die Unterstützung einer Stiftung konnte eine Mindener Lichtdesignerin ein spezielles Lichtkonzept für die Mühle kreieren und installieren.

Adresse Weserpromenade 24, 32423 Minden, www.schiffmuehle.de | Anfahrt A 2 Ausfahrt Porta Westfalica, B 482 Richtung Porta Westfalica, Minden, links auf B 61, rechts durch den Wesertunnel Richtung Innenstadt, rechts auf Portastraße Richtung Weserstadion, weiter auf Klausenwall, rechts auf Tonhallenstraße, Parkplätze nutzen und zu Fuß zum Weserufer, die Schiffmühle befindet sich rechter Hand | Öffnungszeiten Mitte April – Mitte Okt. Di – So und Feiertage 11 – 18 Uhr | Tipp Von der Schiffmühle gelangt man über das Glacis zur ehemaligen Festung Minden am Simeonsplatz. Hier befindet sich das Preußen-Museum Minden, einer von zwei Standorten des nordrhein-westfälischen Preußen-Museums.

81 Das Wasserstraßenkreuz mit der Schachtschleuse

Logistischer Knoten als touristisches Highlight

Neben dem berühmten Kruzifix im Dom hat Minden noch ein weiteres eindrucksvolles Kreuz zu bieten: das Wasserstraßenkreuz. Hier am Fuße des Weserberglandes fließt der Mittellandkanal mittels einer Trogbrücke über die Weser und das Tal.

Die Optik des älteren Brückenteils lässt es erahnen: Dieses fast 400 Meter lange Bauwerk ist tatsächlich schon rund 100 Jahre alt. Die Idee des Mittellandkanals entstand Anfang des 20. Jahrhunderts, er sollte Rhein, Weser und Elbe miteinander verbinden. Trotz des Ersten Weltkrieges konnte 1915 der erste Abschnitt und mit ihm die Mindener Kanalbrücke eröffnet werden. Zum Gesamtkomplex des Wasserstraßenkreuzes gehören auch zwei Verbindungskanäle mit Schleusen, welche die Schiffe vom Mittellandkanal zur Weser und umgekehrt bringen. Dabei muss ein Höhenunterschied von 13 Metern überwunden werden.

Bei genauem Hinsehen stellt man fest, dass die Kanalbrücke zweigeteilt ist. Mit dem Ausbau des Mittellandkanals wurde 1998 die alte Brücke durch eine parallel laufende neue ergänzt. Denn schließlich hat sich in 100 Jahren Binnenschifffahrt viel getan. Und weil die Schiffe immer größer werden, wird die alte Schachtschleuse zukünftig durch ein größeres Pendant, die Weserschleuse Minden, ergänzt, die bis zu 139 Meter lange Schiffe aufnehmen kann.

Das Wasserstraßenkreuz und die Schachtschleuse ziehen nicht nur Technikfreaks und Schifffahrtsfans als Besucher an. Auch Touristen, Schulklassen oder Tagesausflügler aus der Region wollen sich das imposante Bauwerk aus der Nähe ansehen. Kein Wunder, dass sich die »Kreuz«-Fahrten auf der Kanalbrücke, durch die Schleusen und zum Pumpwerk besonderer Beliebtheit erfreuen. Für Fußgänger gibt es einen 90-minütigen Rundweg, der ebenfalls über die Brücke führt.

Adresse Bauhofstraße 2, 32425 Minden | **Anfahrt** A 2 Ausfahrt Porta Westfalica, B 482 Richtung Porta Westfalica, Minden, links auf B 61, rechts abbiegen und durch den Wesertunnel Richtung Innenstadt fahren, auf der B 61 die Innenstadt umfahren, links auf Marienstraße, um auf B 61 zu bleiben, nach der Brücke rechts auf Sympherstraße, die Schachtschleuse liegt rechts | **Tipp** Man kann die Schachtschleuse besuchen und den Schleusenvorgang aus unmittelbarer Nähe beobachten. Im Sommerhalbjahr ist der Besuch mit dem Eintritt ins Informationszentrum gekoppelt.

82 Die Weserpromenade

Wiederentdeckung eines Kleinods

Wasser. Das ist der Lebensquell, der uns Menschen magisch anzieht. Kein Wunder, dass Siedlungen und Städte sich früher häufig in der Nähe von Flüssen entwickelten. Sie dienten als Transportweg, zum Schutz vor Angriffen und als Antriebskraft für Mühlräder. Seltener zur Trinkwassergewinnung, dafür umso häufiger zum Einleiten von Abwässern oder zum Wäschewaschen.

So war es auch in Minden. Die Siedlung entwickelte sich ab dem 1. Jahrhundert nach Christus in enger Verbindung mit der Weser. Obwohl regelmäßig durch Hochwasser geplagt, wurden die wichtigsten Gebäude der Stadt in unmittelbarer Nähe des Flussufers errichtet. Der Dom lag, genau wie Rathaus, Markt, Gericht und weitere zentrale städtische Einrichtungen, direkt im Überschwemmungsbereich. Der Getreidehandel über die Weser verhalf der Stadt zur Blüte. Minden war sogar Gründungsmitglied der Städtehanse, die sich im 13. Jahrhundert aus der Kaufmannshanse entwickelte. Und auch die Fischer ließen sich in direkter Nähe zu ihrem Arbeitsplatz nieder.

Mit dem Bau der Stadtbefestigung ab dem 15. Jahrhundert erfuhr die enge Bindung der Stadt an den Fluss ein langsames, aber sicheres Ende. Der vormals als Wohngegend beliebten Fischerstadt wurde eine Mauer vor die Nase gesetzt, welche die Aussicht und den Zugang zum Weserstrand versperrte. Minden verlagerte seinen Entwicklungsschwerpunkt weg vom Fluss, nur die Schiffs- und Wassermühlen erhielten die Verbindung aufrecht.

Hunderte Jahre später wendet sich die Stadt wieder dem Wasser zu und entdeckt die Weserpromenade als Kleinod und Naherholungsziel inmitten der Stadt. Im Bereich des Weserglacis, dort, wo sich einst die Mindener Festung befand, hat sich eine Naturanlage mit dichtem Baumbestand entwickelt. Und auf dem gegenüberliegenden Ufer schüttet der Verein der Weserfreunde jeden Sommer einen Badestrand auf, der kostenlos genutzt werden kann.

Adresse Weserpromenade, 32423 Minden | **Anfahrt** A 2 Ausfahrt Porta Westfalica, B 482 Richtung Porta Westfalica, Minden, links auf B 61, rechts abbiegen und durch den Wesertunnel Richtung Innenstadt fahren, rechts auf Portastraße Richtung Weserstadion, weiter auf Klausenwall, rechts auf Kaiserstraße die Weser überqueren, danach 2. Einmündung rechts auf Hausberger Straße, großer Parkplatz direkt an der Weser | **Tipp** Noch mehr über die Geschichte der Stadt erfährt man im Mindener Museum. Es befindet sich in der sogenannten Museumszeile, einem schönen Fachwerkensemble in der Oberen Altstadt.

83 Das Westfalen Culinarium

Die Genüsse Westfalens

Wie schmeckt Westfalen? In Nieheim kann man es herausfinden. Die Stadt ist eigentlich für ihren Käse bekannt. Früher stellten fast alle Haushalte selbst Sauermilchkäse her, da dies recht einfach war und er sich zudem lange hielt. Mittlerweile produzieren ihn nur noch zwei Handwerksbetriebe. Der Käse hat aber noch immer einen hohen Stellenwert in Nieheim. Und so war es nur eine Frage der Zeit, bis zusätzlich zum Deutschen Käsemarkt, der alle zwei Jahre in der Stadt stattfindet, ein Käsemuseum eingerichtet wurde.

2006 war es dann so weit. Aber in Nieheim hat man über den Käsetellerrand hinausgeschaut. Neben dem Milchprodukt sollten auch andere alltägliche Lebensmittel präsentiert werden, die in Westfalen eine besondere Tradition haben. Und so wurden zusätzlich ein Museum für Brot, eines für Schinken sowie ein Schnaps- und Biermuseum eröffnet. Ja, offenbar gehört mancherorts in Westfalen auch Schnaps zu den Grundnahrungsmitteln.

Zusammen ergeben die vier Museen das Westfalen Culinarium. Hier erfährt man Grundlegendes über die Anfänge des Nieheimer Käses, aber auch Überraschendes. Wie zum Beispiel, dass der westfälische Pumpernickel gar nicht gebacken wird oder dass das Bierbrauen früher den Frauen vorbehalten war. Die Museen sollen zum Anfassen, Riechen und Mitmachen anregen. Und natürlich auch zum Schmecken. Für Letzteres gibt es im hauseigenen Restaurant »Meilenstein« den echten Nieheimer Käse, das im Museum gebraute Bürgerbier, westfälischen Schinken und Pumpernickel. So schmeckt Westfalen!

Für die Konzeption der vier Museen unter einem Dach wurde das Westfalen Culinarium im Eröffnungsjahr mit dem Deutschen Tourismuspreis als innovatives Fremdenverkehrsprojekt ausgezeichnet. Um das eine Fläche von 3.000 Quadratmetern umfassende Konzept zu realisieren, wurden mehrere Fachwerk-Bauernhäuser restauriert und durch moderne Anbauten miteinander verbunden.

Adresse Lange Straße 12, 33039 Nieheim, www.westfalen-culinarium.de | **Anfahrt** A 33 Ausfahrt Paderborn-Elsen, B 1 Richtung Detmold, bei Horn-Bad Meinberg rechts auf Leopoldstaler Straße, links auf Ringstraße, bis Nieheim fahren, links auf Lange Straße | **Öffnungszeiten** April–Okt. Mi–So 10–18 Uhr | **Tipp** In Nieheim gibt es auch ein Sackmuseum. Das ungewöhnliche Museum zeigt den Alltagsgegenstand in den vielfältigsten Varianten.

84 Der Segelflugplatz

Lautlos schwebend den Teutoburger Wald genießen

Größer als Bremen und Frankfurt-Hahn, Hannover im Visier. Welcher bedeutende Flugplatz ist gemeint? Na klar, Oerlinghausen. Zumindest was die Anzahl an Flugbewegungen betrifft. Denn hierbei gehört der Flugplatz am Rande der Senne mit etwa 50.000 Starts und Landungen pro Jahr zu den größeren in Deutschland. Der einzige Unterschied: In Oerlinghausen starten und landen Segelflugzeuge, und zwar so viele, dass der Flugplatz der größte seiner Art in Europa ist.

Am Fuße des Teutoburger Waldes kreisen die leisen Flieger scheinbar schwerelos durch die Luft. Manche von ihnen werden mit Hilfe einer der fünf am Boden befindlichen Startwinden in die Luft geschraubt, andere im Motorflugzeugschlepp. Oben angekommen wird die Verbindung zwischen Seil und Flieger getrennt, und das Flugzeug gleitet frei weiter. Ganz ohne Motor, getragen vom Aufwind. Und das in etwa 300 Metern Höhe und mit einer durchschnittlichen Geschwindigkeit von 100 Kilometern pro Stunde. Ein Abenteuer für die Piloten genau wie für die Besucher des Flugplatzes, die bei schönem Wetter aus nächster Nähe einige der mehr als 100 Segelflugzeuge, die hier zu Hause sind, bewundern können.

In Oerlinghausen gehen zwölf Segelsportvereine aus ganz Ostwestfalen-Lippe, mit insgesamt rund 1.000 Mitgliedern, ihrem Hobby, dem Luftsport, nach. Und ständig kommen neue Teilnehmer hinzu, denn Oerlinghausen ist nicht nur Landesleistungsstützpunkt für die Sportart Segelflug.

Wem es nicht genügt, sich die wagemutigen Flieger gemütlich von der Außengastronomie neben dem Tower anzusehen, der kann auch selbst in die Luft gehen. In der ansässigen Flugschule wird Aus- und Weiterbildung in verschiedenen Lehrgängen angeboten. Schnupperkurse über den Teutoburger Wald, das Lipperland oder Bielefeld garantieren Nervenkitzel und beeindruckende Blickwinkel. Und eines steht fest: Runter kommen sie alle.

Adresse Stukenbrocker Weg 43, 33813 Oerlinghausen, www.flugplatz-oerlinghausen.de | **Anfahrt** A 33 Ausfahrt Schloß Holte-Stukenbrock, nach rechts Richtung Oerlinghausen fahren, an der ersten Kreuzung rechts auf Bielefelder Straße abbiegen und bis zum Ortseingang Stukenbrock fahren, links auf Flugplatzstraße abbiegen, weiter auf Stukenbrocker Weg | **Öffnungszeiten** Segelflugbetrieb März–Okt. 9–19 Uhr | **Tipp** Etwas weiter nördlich, am Rand der Stadt, befindet sich das Archäologische Freilichtmuseum Oerlinghausen.

85 Der Wasserpark Währentrup

Ein etwas anderer privater Vorgarten

Oerlinghausen – ein Städtchen mit knapp 17.000 Einwohnern und mehreren kleinen Ortsteilen. Einer davon ist das beschauliche Währentrup mit gerade einmal sieben Straßenzügen. Und genau hier findet man einen 40.000 Quadratmeter großen, liebevoll angelegten Park mit verschiedenen Themengärten, exotischen Pflanzen, einem englischen Landschaftspark. Besonders beeindruckend sind die aufwendig gestalteten Wasserflächen, die mit Skulpturen und Wasserfällen die Aufmerksamkeit auf sich ziehen. Daher trägt dieses schöne Stückchen Landschaft auch den Namen Wasserpark Währentrup. Und dieser ist auch noch kostenfrei zugänglich.

Aber wie und warum leistet sich eine so kleine Gemeinde eine solch außergewöhnliche Anlage? Müssen die Oerlinghauser Bürger für diesen Spaß womöglich eine Sondersteuer zahlen? Nein, denn, man mag es kaum glauben, das Ganze ist ein Privatspaß. Das Ehepaar Schulz, Unternehmer aus Oerlinghausen, hat sich mit dem Wasserpark einen Traum verwirklicht.

Für die Anlage kauften die Eheleute ein riesiges Grundstück, ließen Straßenführungen und Gewässerläufe verlegen und gewaltige Massen an Erde bewegen. Von Anfang an war für beide klar: »Dieser Park soll nicht nur für uns da sein, sondern für alle Menschen, die die Natur genau so lieben wie wir.« Und so bekam Oerlinghausen ein neues Ausflugsziel quasi zum Nulltarif. Lediglich ein paar Bau- und Planungsanträge mussten genehmigt werden. Und trotzdem wurde dieses Geschenk nicht mit Kusshand angenommen. Stadt und Anwohner störten sich zunächst an den Verkehrswegänderungen und weiteren Planungsdetails. Doch alle Hindernisse konnten aus dem Weg geräumt werden. Und der Wasserpark entwickelt sich langsam vom Geheimtipp zu einem echten Ausflugs-Highlight in Oerlinghausen. Vielleicht, weil es sich einfach anbietet, bei einer Wanderung am Iberg einen Abstecher in den Wasserpark zu unternehmen.

Adresse Am Iberg, 33813 Oerlinghausen-Währentrup | **Anfahrt** A 2 Ausfahrt Bielefeld-Zentrum, B 66 Richtung Detmold, Lage, im Oerlinghausener Ortsteil Helpup rechts auf Währentruper Straße, rechts auf Am Iberg | **Öffnungszeiten** wochentags frei zugänglich, an Wochenenden und Feiertagen geschlossen | **Tipp** Von Währentrup aus bietet sich auch eine Wanderung auf den Tönsberg an. Dort befinden sich einige Sehenswürdigkeiten, wie die Kumsttonne, das Löns-Denkmal oder die Hünenkapelle.

86 Die Bartholomäuskapelle

Die Mutter aller Hallenkirchen

Da steht sie im Schatten des imposanten Paderborner Doms. Beinahe unscheinbar und schlicht gehalten. Steinern und quadratisch. Für manche ist sie das bedeutendste kunstgeschichtliche Bauwerk Paderborns. – Die Rede ist von der Bartholomäuskapelle, ihres Zeichens die erste Hallenkirche mit einem vollständig gewölbten Kirchenbau. 1017 auf Veranlassung des Paderborner Bischofs Meinwerk von byzantinischen Baumeistern errichtet, ist sie gewissermaßen die Mutter aller Hallenkirchen, die in den nachfolgenden Jahrhunderten die Kirchenarchitektur in Deutschland bestimmten. Und dennoch existiert kein direkter Nachfolgebau.

Die Kapelle ist nach einem verhältnismäßig einfachen, zur damaligen Zeit aber dennoch innovativen Prinzip errichtet worden: Sechs schlanke Säulen tragen ein Kuppelgewölbe, das gewissermaßen zu schweben scheint.

Die Säulenkapitelle spiegeln die große Fertigkeit der ottonischen Baukunst, einer Stilepoche der Vorromanik, wider und bilden den einzigen sichtbaren Schmuck. Eine weitere Besonderheit waren zur damaligen Zeit die hoch gelegenen Rundbogenfenster. Durch das von oben einfallende Licht wurde der Eindruck der Schwerelosigkeit noch verstärkt. Die Kombination zweier Baustile aus unterschiedlichen Kulturen, also der sächsischen Ottonen und der Byzantiner, ist eine echte Seltenheit, genauso wie die herausragende Akustik der Kapelle.

Aber welche Funktion besaß die Kapelle im Ensemble mit dem benachbarten Dom und der Kaiserpfalz vor etwa 1.000 Jahren eigentlich? War sie lediglich eines der vielen Bauwerke, die Bischof Meinwerk zu Beginn des Jahrhunderts errichten und erweitern ließ, um das Bistum Paderborn zu stärken? Oder diente sie einem eigenen Zweck? Eine Theorie besagt, dass die Bartholomäuskapelle während damals stattfindender Festkrönungen als Aufbewahrungsort für die Reichsinsignien diente. Ein wahrlich angemessener Ort.

Adresse Am Ikenberg, 33098 Paderborn | **Anfahrt** A 33 Ausfahrt Paderborn-Zentrum, nach rechts auf B 64, weiter auf Bahnhofstraße, Frankfurter Weg in Richtung Paderborn-Zentrum, links auf Friedrichstraße, rechts auf Marienstraße, am Marienplatz leicht nach links auf Am Abdinghof, weiter auf Am Ikenberg | **Öffnungszeiten** Mo–So 10–18 Uhr | **Tipp** Das Adam-und-Eva-Haus ist eines der ältesten und schönsten Fachwerkhäuser Paderborns und beherbergt das Museum für Stadtgeschichte.

87 Heinz Nixdorf Museum

Weit mehr als das größte Computermuseum der Welt

Das weltweit größte Computermuseum steht nicht etwa im Silicon Valley, sondern in Paderborn. Denn von hier stammt der Computerpionier Heinz Nixdorf, der es mit seinen Kleinrechnern zu weltweitem Erfolg brachte. Aber eigentlich ist die Bezeichnung Computermuseum viel zu eng gefasst. Museum für Informations- und Kommunikationstechnik würde es schon eher treffen, denn auf den 6.000 Quadratmetern Ausstellungsfläche wird eine Zeitreise unternommen, die mit der Entstehung der Schrift in Mesopotamien vor 5.000 Jahren beginnt. Der Weg führt über Hieroglyphen und den klassischen Buchdruck bis hin zu Rechenmaschinen und Morsetelegrafen. Erst in der zweiten Etage werden alle Varianten von Computern ausgestellt. Im Forum werden Tagungen, Workshops und Vorträge zum Thema »Informationstechnologie und ihr Einfluss auf die Gesellschaft« veranstaltet.

Dass das Museum sich inhaltlich nicht stur auf die Nixdorf-Unternehmensgeschichte oder die Computertechnik beschränkt, passt sehr gut zur Unternehmerpersönlichkeit Heinz Nixdorf. So konzentrierte er sich nicht nur auf die Entwicklung und den Erfolg seiner Firma, sondern interessierte und engagierte sich darüber hinaus auch für seine Heimatregion, die er als Standort für sein Unternehmen gewählt hatte. Außerdem trieb er die infrastrukturelle Förderung Paderborns und Ostwestfalen-Lippes voran. Wer weiß, wie lange es ohne ihn gedauert hätte, bis Paderborn eine eigene Autobahnanbindung bekommen hätte. Außerdem geht der Bau des Flughafens Paderborn/Lippstadt auf seine Initiative zurück. Und für das Wohl seiner Mitarbeiter ließ er auf dem Betriebsgelände einen Sportpark errichten, der auch für die Paderborner Bürgerschaft offen steht.

So kann es nur im Sinne von Heinz Nixdorf sein, dass das MuseumsForum ebenfalls über den Tellerrand hinausschaut, das große Ganze darstellt und gleichzeitig die Details im Blick behält.

Adresse Heinz Nixdorf MuseumsForum, Fürstenallee 7, 33102 Paderborn, www.hnf.de | **Anfahrt** A 33 Ausfahrt Paderborn-Elsen, auf B 1 Richtung Bad Lippspringe, Ausfahrt Bad Lippspringe abfahren und weiter geradeaus auf Heinz-Nixdorf-Ring, rechts auf Fürstenallee | **Öffnungszeiten** Di–Fr 9–18 Uhr, Sa–So 10–18 Uhr | **Tipp** Rund um das Forum befinden sich viele Grünflächen und Naherholungsbereiche wie der Padersee oder die Ende des 19. Jahrhunderts angelegten Fischteiche.

88 Der Kreuzgang im Dom

Das Hasenfenster … und noch mehr

Bei einem Besuch Paderborns ist ein Besuch des Doms ein Muss. Und bei einem Besuch des Doms darf ein Besuch des Kreuzgangs nicht fehlen. Und wer den Kreuzgang besucht, der muss unbedingt das Hasenfenster gesehen haben. Auf den ersten Blick eher unscheinbar ziert es den Spitzbogen eines der Fenster, die im 16. Jahrhundert in die ehemals offenen Arkaden eingesetzt wurden. Bei genauerem Hinsehen entdeckt man, was die Besonderheit an dem Fenster ist: Die drei Hasen sind so im Kreis angeordnet, dass sie mit drei Löffeln auskommen und trotzdem jeder über zwei Ohren verfügt. Diese Darstellung beeindruckt die Menschen seit vielen Jahrhunderten derart, dass das Fenster zum Wahrzeichen Paderborns geworden ist.

Doch das Dreihasenbild ist keineswegs ein Paderborner Unikat. Als Symbol für die Dreifaltigkeit fand es im Mittalter besonders in der christlichen Darstellung Verwendung. Aber auch im weltlichen Zusammenhang und sogar außerhalb Europas sind die drei im Kreis springenden Hasen bekannt. Vermutlich gelangten sie von China über die Seidenstraße nach Westen.

Wer sich nun im Kreuzgang des Paderborner Doms eingefunden hat, sollte die Gelegenheit nutzen und den Blick einmal von den Hasen abwenden. Denn der von Arkaden gesäumte Innenhof hat noch viel mehr zu erzählen. Direkt vor dem Fenster befindet sich ein Brunnen, der von einem Pfau geziert wird. Als Symbol für Unsterblichkeit blickt er auf den Friedhof für die Angehörigen des Domkapitels. Als Zeichen dafür, dass hier nur der irdische Teil des Lebens endet. Und wie schnell der enden kann, daran erinnert das Stück der Luftmine, die ebenfalls in der Blickrichtung des Pfaus liegt. Sie ist der traurige Überrest des Bombenangriffs auf Paderborn im März 1945. Die Luftmine traf den Kreuzgang und riss dabei 14 Menschen in den Tod, darunter viele Jugendliche, die an diesem Abend die Jugendmesse besucht hatten.

Adresse Domplatz 1, 33098 Paderborn, www.erzbistum-paderborn.de/dom/ | **Anfahrt** A 33 Ausfahrt Paderborn-Zentrum, nach rechts auf B 64, weiter auf Bahnhofstraße, Frankfurter Weg in Richtung Paderborn-Zentrum, leicht rechts auf Le-Mans-Wall, weiter auf Liboriberg, links auf Kasseler Straße, links auf Am Bogen und bis zum Domplatz fahren | **Öffnungszeiten** Mo–So 10–18.30 Uhr, außer zu Gottesdienstzeiten; öffentliche Führungen Mi 15 Uhr, Sa 10.45 Uhr, Treffpunkt ist das Paradiesportal | **Tipp** In eine Stadt, die stark durch den Dom und Sitz des Erzbistums geprägt ist, passt perfekt ein Museum für sakrale Kunst. Das »ars sacrale« befindet sich im Haus des Kunstschmieds Bernd Cassau (Grube 7).

89__Der Lippesee

Schönes Nebenprodukt des Kiesabbaus

Dass sich die Lippe zwischen den Paderborner Ortsteilen Schloss Neuhaus und Sande zu einem 90 Hektar großen See verbreitert, hat einen rein wirtschaftlichen Grund: den Kiesabbau. Seit den 60er Jahren wird er hier betrieben, um Baumaterial zu gewinnen. Dass 1986 an der westlichen Spitze des Sees die Talsperre Sander-Lippe in Betrieb genommen wurde, hat einen rein technischen Grund: den Hochwasserschutz. Durch die Staumauer kann der Lippesee als Überlaufventil genutzt und der Wasserspiegel in den Lippeauen relativ konstant gehalten werden.

Doch die wirtschaftlichen und technischen Gründe treten in den Hintergrund, wenn man sich auf einen Spaziergang rund um den See begibt. Dann stellt man schnell fest, welche Bedeutung das Gewässer für die Paderborner wirklich hat: Freizeit, Sport, Erholung. Sieben Kilometer lang ist der Wanderweg rund um den Lippesee. Kinderspielplätze, Minigolfanlage, Campingplatz, Skateranlage, Ballsportplätze und vieles mehr finden sich am Ufer. Das Wasser selbst wird natürlich auch genutzt. Schwimmen, Segeln, Surfen, Kanu- und Tretbootfahren gehören dazu, genauso wie Wasserski. Für Letzteres muss man allerdings auf den benachbarten Nesthauser See ausweichen, der genau wie der Lippesee durch den Kiesabbau entstanden ist.

Der schmale Landstreifen zwischen den beiden Seen wird von einem kleinen Flüsschen durchzogen, der sogenannten Lippeseeumflut. Genau genommen handelt es sich dabei um die Lippe selbst, die an dieser Stelle durch ein neu geschaffenes Flussbett um den See herumfließt. 2005 konnte die Lippeseeumflut nach fünfjähriger Bauzeit in Betrieb genommen werden. Diese Maßnahme war notwendig, da das Wasser nach Durchqueren des Sees erwärmt, dauerhaft getrübt und qualitativ einfach schlechter war. Durch die Umflut verbesserte sich nicht nur die Gewässerqualität, sondern auch die Artenvielfalt im weiteren Verlauf der Lippe.

Adresse Münsterstraße, 33106 Paderborn-Schloss Neuhaus | **Anfahrt** A 33 Ausfahrt Paderborn-Schloss Neuhaus, auf B 64 Richtung Delbrück, die Münsterstraße führt direkt am Lippesee, der Lippeseeumflut, dem Nesthauser See und der Talsperre vorbei, Parkplätze gibt es an mehreren Stellen um den See herum | **Tipp** Wer nicht ins Wasser, sondern in die Luft will, kann dies gerne im PaderKletterPark, der sich ebenfalls im Ortsteil Schloss Neuhaus befindet.

90 Das Paderquellgebiet

Kurzer Fluss, starke Quellen

Immer wieder trifft man in der Paderborner Innenstadt auf kleine, ummauerte Wasserflächen. Sie sind nahe des Doms, unterhalb der Stadtbibliothek, im Gesselschen Garten und beim Heierswall zu finden. Sie alle sind Quellen, die sich zu einem einzigen Fluss vereinigen.

Und sie alle trugen einst zur Namensgebung der Stadt bei, in der sie sich befinden: Paderborn, also der Ort, an dem die Pader geboren wird. Und dieser Fluss ist ein echtes Kuriosum. Nach nur vier Kilometern mündet die Pader bereits in die Lippe. Damit ist sie der kürzeste Fluss Deutschlands, leistet sich aber den Luxus, gleich aus rund 200 Quellen gespeist zu werden, die sich allesamt auf dem Stadtgebiet Paderborns befinden. Gemeinsam schütten sie durchschnittlich rund 5.000 Liter Wasser pro Sekunde aus, in Spitzenzeiten können es sogar bis zu 9.000 Liter pro Sekunde sein. Damit handelt es sich um eines der stärksten Quellgebiete in Deutschland.

Die Schüttung ist deshalb so stark, weil es sich bei den Paderquellen hauptsächlich um Karstquellen handelt. Durch das Vorkommen von oberflächlichem porösem Gestein dauert es nur zwei bis vier Tage, bis das versickerte Oberflächenwasser in den Quelltöpfen wieder ausgeschüttet wird. Und das sind im Falle der Paderquellen eben viele kleine, anstatt eines großen Topfs. Aus den größeren unter ihnen speisen sich sechs Paderarme: die Börnepader, die Dammpader, die Dielenpader, die Maspernpader, die Rothobornpader und die Warme Pader. Im Verlauf nehmen sie die restlichen der 200 Quellflüsschen auf und vereinigen sich beim nördlichen Stadtwall zur Pader.

Die Warme Pader ist die einzige der sechs großen Quellen, die keine Karstquelle ist. Ihren Namen führt sie wegen ihres konstant 15 Grad warmen Wassers, durchschnittlich sechs Grad wärmer als die anderen Quellarme. An frostigen Wintertagen offenbart sich dies durch den Wasserdampf, der in die kalte Luft aufsteigt.

Adresse 33098 Paderborn (Stadtzentrum) | Anfahrt A 33 Ausfahrt Paderborn-Zentrum, nach rechts auf B 64, weiter auf Bahnhofstraße, Frankfurter Weg in Richtung Paderborn-Zentrum, links auf Friedrichstraße, weiter auf Paderwall und Heierswall, rechts auf Hathumarstraße, hier befindet sich ein großer Parkplatz, der gut als Ausgangspunkt zur Erkundung der Paderquellen genutzt werden kann | Tipp Wer gut zu Fuß ist, kann der Pader von einer der Quellen durch verschiedene Grünanlagen bis zur Mündung in der Nähe von Schloss Neuhaus folgen.

91 Der Schloss- und Auenpark

Braver Garten trifft auf wilde Auenlandschaft

Wie zu jedem repräsentativen Herrschaftssitz gehört auch zum Paderborner Schloss Neuhaus eine gepflegte Parkanlage. Während es sich beim Schloss um ein prachtvolles Bauwerk der Weserrenaissance aus dem 16. Jahrhundert handelt, ist der Park wesentlich jüngeren Alters. 1994 nutzte man die in Paderborn stattfindende Landesgartenschau, um den barocken Schlossgarten teilweise zu rekonstruieren. Der war im Laufe der Zeit abhandengekommen. Und bei dieser Gelegenheit erweiterte man die Anlage um die Flächen an Lippe, Pader und Alme – den Auenpark.

Die drei Flüsse, die am Schloss vorbeifließen und sich ganz in der Nähe vereinigen, waren vor der Landesgartenschau in diesem Bereich kaum zugänglich. Begradigungen, Verrohrungen, Einzäunungen und landwirtschaftliche Nutzung der Flussauen hatten stark in die natürlichen Gegebenheiten eingegriffen. Die Auenlandschaft wurde renaturiert und für die Öffentlichkeit zugänglich gemacht. Gemeinsam mit dem Schlossgarten ist so ein mehr als zwei Kilometer langer und 42 Hektar großer, kontrastreicher Park entstanden. Kontrastreich deshalb, weil der barocke Ziergarten vor dem Schloss mit seinen kunstvoll gestalteten Blumen- und Heckenarrangements einen reizvollen Gegensatz zu dem fast schon naturbelassen wirkenden Landschaftspark rund um die Flussauen bildet.

Aber von der Landesgartenschau konnten nicht nur die Grünflächen profitieren, sondern auch das prachtvolle Wasserschloss im Zentrum der Parklandschaft. Durch viele Jahrzehnte zweckentfremdeter Nutzung war eine grundlegende Restaurierung notwendig geworden.

Die bekam es 1994 dann auch, und zwar innen wie außen. Die nur noch in Teilen erhaltenen Gräfte – das sind die Wassergräben, die einst das Schloss schützten – wurden nahezu vollständig rekonstruiert. Seither ist Neuhaus endlich wieder ein strahlendes Wasserschloss und das Zentrum des gleichnamigen Stadtteils.

Adresse Residenzstraße 2, 33104 Paderborn-Schloss Neuhaus | Anfahrt A 33 Ausfahrt Paderborn-Schloss Neuhaus, auf Münsterstraße Richtung Paderborn-Schloss Neuhaus, links auf Residenzstraße bis zum Schloss fahren; zum Auenpark nach der Autobahnausfahrt auf B 64 Richtung Delbrück, 1. Möglichkeit rechts auf Zur Gartenschau und der Straße bis zum Parkplatz folgen | Tipp Das Schloss selbst wird als Schule genutzt, aber der ehemalige Marstall ist für die Öffentlichkeit zugänglich. In ihm befinden sich ein naturkundliches und ein historisches Museum sowie eine Glas- und Keramiksammlung.

92 Die Glashütte Gernheim

Im Turm wird altes Handwerk lebendig

Wenn der Landschaftsverband Westfalen-Lippe einen Verbund von Industriemuseen mit acht Standorten ins Leben ruft, denkt man an Zechen und Hütten und vor allem an das Ruhrgebiet. Aber wohl kaum an den Ort mit dem wohlklingenden Namen Gernheim. Noch dazu erscheint diese Stadt auf keiner Landkarte der Welt. Wo und was also ist dieses Gernheim?

Ein Sprung ins Jahr 1812 offenbart eine bemerkenswerte Geschichte. Am Ufer der Weser entstand vor 200 Jahren die Glashütte Gernheim, die sich im 19. Jahrhundert zu einer der bedeutendsten Fabriken in Nordwestdeutschland entwickeln sollte. Zwei Kaufleute aus Bremen warben schon damals um Glasmacher aus fernen Regionen, die an ihrem neuen Wohnort gern daheim sein sollten. So kam es der Geschichte nach zur Namensgebung von Gernheim, das heute zum Petershagener Ortsteil Ovenstädt gehört.

Die Lage an der Weser war aus vielerlei Hinsicht vorteilhaft: So konnten die fertigen Glaswaren per Schiff in die ganze Welt exportiert werden. Aber auch die Kohle für die Schmelzöfen kam über den Fluss. Die Winde am Ufer der Weser waren hilfreich, um die Luftzufuhr und damit die Befeuerung der Brennöfen zu verbessern. Innerhalb weniger Jahre entstand ein frühindustrieller Fabrikstandort mit dem nach englischem Vorbild gebauten prägnanten Glashüttenturm und Häuserzeilen für etwa 200 Arbeiter.

Doch als der Transport über die Weser zu teuer wurde, ein fehlender Bahnanschluss die Weiterentwicklung beeinträchtigte und sich die wirtschaftliche Situation in Europa zunehmend verschlechterte, wurde die Produktion unrentabel. 1877 erlosch schließlich das Feuer in Gernheim. Während etliche Gebäude dem Zahn der Zeit zum Opfer fielen, blieb der Glashüttenturm stehen und ist heute einer der wenigen noch vorhandenen seiner Art in Europa. Glasmacher zeigen im Museumsbetrieb eindrucksvoll, wie aus der glühenden Glasmasse Gefäße hergestellt werden.

Adresse Gernheim 12, 32469 Petershagen-Ovenstädt, www.glashuette-gernheim.de | **Anfahrt** A 2 Ausfahrt Porta Wesfalica, B 482 Richtung Porta Westfalica, der B 482 bis zum Petershagener Ortsteil Lahde folgen, zweimal rechts Richtung Bremen, Petershagen abbiegen, die Weser überqueren, nach rechts auf B 61, 2. Ausfahrt nach rechts auf Mühlenweg, weiter auf Kreisstraße und Ovenstädter Straße bis zum Museumsparkplatz, zu Fuß zur Glashütte | **Öffnungszeiten** Di–So und feiertags 10–18 Uhr | **Tipp** Petershagen liegt an der Westfälischen Mühlenstraße. Im Stadtgebiet wurden zehn Windmühlen und eine Wassermühle restauriert.

93 Die Weserauen

Gelebter Naturschutz am Weserufer

Die Weserauen bei Petershagen: Ein grünes Naturidyll, das sich entlang der Bundeswasserstraße im nordöstlichen Teil des Kreises Minden-Lübbecke erstreckt. Und ein Rückzugsgebiet für viele Vogelarten. Doch das war nicht immer so.

Als die Weserauen 1989 zum Naturschutzgebiet erklärt wurden, war der berühmteste Vertreter der Petershagener Vogelwelt hier fast kaum noch zu finden. Nur noch drei Weißstorchenpaare kamen zum Brüten.

Dank des Aktionskomitees »Rettet die Weißstörche im Kreis Minden-Lübbecke« ist der Bestand mittlerweile so groß wie nie zuvor. 2011 war das Rekordjahr, als 34 brütende Paare 66 Jungvögel aufzogen. Viele von ihnen in Petershagen, das mittlerweile wieder zu einem richtigen Storchendorf geworden ist.

Wer sich auf den Drahtesel schwingt, kann sich entlang der Weserauen auf die Storchenroute begeben. Sie führt nicht nur an Horsten und Vogel-Beobachtungsplätzen vorbei, sondern passiert auch malerische Dörfer mit Fachwerkhäusern, einige Windmühlen und natürlich immer wieder unberührte Natur entlang der Weser.

Ein besonderes Erlebnis ist das nahezu lautlose Übersetzen von Windheim ans andere Weserufer nach Hävern oder umgekehrt. »Petra Solara« heißt die Fähre, die von ehrenamtlichen Fährleuten und mit der Kraft von Sonnenenergie betrieben wird. Seit 2002 bringt das Boot an etwa 100 Tagen im Jahr, besonders in den Sommermonaten, Fußgänger und Radfahrer über den Fluss. Mit 350 Mitgliedern, von denen sich 60 aktiv um den Betrieb kümmern, macht der Fährverein die Weserauen als Ausflugsziel noch attraktiver und trägt durch den Solarbetrieb auch zum Umweltschutz bei. Und genau wie das Aktionskomitee zur Rettung der Weißstörche zeigt er, wie wichtig den Menschen in der Region der Erhalt ihrer schönen Natur ist. Die Weserauen sind ein Naturschutzgebiet, das nicht nur auf dem Papier existiert, sondern gelebt wird.

Adresse 32469 Petershagen-Windheim | **Anfahrt** A 2 Ausfahrt Porta Wesfalica, B 482 Richtung Porta Westfalica, der B 482 für 27 Kilometer folgen, links auf Hans-Lüken-Straße nach Windheim, im Ort parken und die Weserauen am besten per Fahrrad erkunden | **Tipp** In Windheim befindet sich auch das Storchenmuseum (Im Grund 4). Hier erfährt man nicht nur vieles über die Lebensweise der Störche, sondern kann anschließend einen Kaffee in dem denkmalgeschützten Bauernhaus trinken.

94 Das Bergwerk Kleinenbremen

Im Stollen erlebt man sein blaues Wunder

Untertagebau in Nordrhein-Westfalen verbindet man in erster Linie mit dem Ruhrpott. Doch auch in Ostwestfalen gab es ein paar wenige Bergwerke im sogenannten Mindener Revier. Und im Gegensatz zu dem nahezu vollständig aufgegebenen Steinkohlerevier im Pott ist in Porta Westfalica immerhin noch eine Abbaustätte in Betrieb. Die Grube Wohlverwahrt-Nammen ist das letzte aktive Eisenerzbergwerk in Deutschland.

Ein stillgelegter Teil der Grube wurde 1988 für die Öffentlichkeit zugänglich gemacht. Hier befindet sich das Besucherbergwerk Kleinenbremen. Über Tage kann man hier den Bergbaulehrpfad begehen und das Bergbaumuseum besuchen. Bei der Besichtigung unter Tage fährt man ein Stück mit der Grubenbahn und taucht in die Arbeitswelt Bergbau und das Leben der Bergleute ein. So weit ist Kleinenbremen vergleichbar mit anderen Besucherbergwerken. Aber dann kommt man zur »Blauen Lagune« und somit zu einer echten Besonderheit. Tief im Stollen befindet sich ein Untertagesee, der seit 2009 für Sporttaucher freigegeben ist. Allerdings nur für erfahrene im Rahmen einer Führung. Denn bei ganzjährig sieben Grad Wassertemperatur ist ein spezieller dreischichtiger Schutzanzug nötig, um nicht auszukühlen. Außerdem kann die ansonsten phänomenale Sichtweite im glasklaren Wasser innerhalb von Sekunden auf null schrumpfen. Der Grund: Eine falsche Bewegung und die feine Sedimentschicht am Boden wird aufgewirbelt.

Die meisten Bergwerkbesucher bleiben sowieso lieber auf dem Trockenen und begnügen sich mit der Zuschauerrolle. Andere wiederum werden richtig aktiv und kommen in die Grube, um ihr Leben zu verändern. Denn auch das ist etwas ganz Besonderes im Besucherbergwerk Kleinenbremen: Hier befindet sich eine Außenstelle des Standesamtes Porta Westfalica. Wer möchte, kann sich im ehemaligen Aufenthaltsraum der Bergleute unter Tage das Jawort geben.

Adresse Rintelner Straße 396, 32457 Porta Westfalica-Kleinenbremen, www.bergwerk-kleinenbremen.de | **Anfahrt** A 2 Ausfahrt Bad Eilsen, weiter auf B 83 Richtung Bückeburg, 2. Möglichkeit nach links auf Dorfstraße, links auf Barkser Straße, weiter auf Kleinenbremer Straße, im Kreisverkehr 3. Ausfahrt und auf Rintelner Straße fahren | **Öffnungszeiten** Feb.–Dez. Di–So 10–17 Uhr, für die Einfahrten muss man sich Di–Sa unter Tel. 05722/90223 anmelden, So und feiertags kann man stündlich ohne Anmeldung einfahren | **Tipp** Von Kleinenbremen ist es nur ein Katzensprung zum niedersächsischen Schloss Bückeburg. Besonders beeindruckend ist das im Schlosspark gelegene Mausoleum mit seiner gigantischen Goldmosaikkuppel.

95__Das Kaiser-Wilhelm-Denkmal

Eindrucksvolle Maße oberhalb und unterhalb der Erde

Ostwestfalen-Lippe hat zwei Wahrzeichen, die jedes Kind kennt, weil man bei einer Fahrt durch die Region eigentlich immer eines der beiden am Horizont erahnen kann. Das eine ist der Hermann, der es auf das Cover dieses Buches geschafft hat. Das andere, dessen Geschichte hier erzählt werden soll, gedenkt Kaiser Wilhelm I.

Mit seinen sieben Metern ist der Wilhelm, oder besser gesagt sein Standbild, der Figur des Hermann größentechnisch um fast 20 Meter unterlegen. Aber mit seinem von sechs Säulen getragenen Baldachin misst das 1896 eingeweihte Denkmal eindrucksvolle 88 Meter. Der Standort an der Porta Westfalica, am Ostende des Wiehengebirges und auf dem Osthang des Wittekindsberges, tut sein Übriges dazu, dass es von niemandem übersehen werden kann. Kaum zu glauben, dass die Funktionäre im Dritten Reich ausgerechnet den Stollen unter dem Denkmal als Standort für ein Rüstungswerk wählten.

Durch den Abbau von Portasandstein, der für die Errichtung des Denkmals, aber auch für den Bau von Kirchen und Burgen verwendet worden war, war ein mächtiger Hohlraum im Stollen des Wittekindsbergs entstanden.

1944 wurde der 150 Meter lange, zehn Meter breite und 20 Meter hohe Raum unter Einsatz von KZ-Häftlingen zu vier Fabrikhallen ausgebaut. Und das nur, damit 150 zum Großteil ukrainische ZwangsarbeiterInnen hier Kugellager für Jagdflugzeuge produzieren konnten. Kurze Zeit später war dieses dunkle Kapitel allerdings Vergangenheit – und das Denkmal für Kaiser Wilhelm beinahe auch. Die Alliierten ließen die Fabrik sprengen, wodurch ein Teil der Ringterrasse unterhalb des Denkmals weggerissen wurde. Doch dabei blieb es zum Glück. Durch kontinuierliche Restaurierungsarbeiten ist der Wilhelm mitsamt Baldachin top in Schuss. So blickt er auch heute noch in kaiserlicher Pose auf das Wesertal hinab und genießt die herrliche Aussicht.

Adresse Kaiserstraße 15, 32457 Porta Westfalica-Barkhausen | **Anfahrt** A 2 Ausfahrt Porta Westfalica, B 482 Richtung Porta Westfalica, Ausfahrt Richtung B 61, dann links auf B 61 Richtung Minden, nach dem Überqueren der Weser geradeaus auf Portastraße weiterfahren, links auf Kaiserstraße bis zum Parkplatz fahren, den Rest des Weges Fußweg | **Tipp** Am Fuße des Wittekindsbergs befindet sich die Goethe-Freilichtbühne. Die eindrucksvolle Felswand hinter der Bühne hat sie ihrer Lage in einem ehemaligen Steinbruch zu verdanken.

96__Der Große Stein

Urzeitkoloss aus Skandinavien

Eine Milliarde Jahre ist er schon alt und stammt ursprünglich aus Südschweden. Vor 200.000 Jahren hat er sich dann auf den Weg gemacht und ist als blinder Passagier unter den Gletschermassen mitgefahren, die sich während der Eiszeit von Skandinavien bis ins heutige Nordrhein-Westfalen geschoben haben. Seitdem liegt der Große Stein von Tonnenheide – einer der größten Findlinge Norddeutschlands – an seinem jetzigen Standort, auf dem Hof der Käserei Klasing.

In seiner vollen Pracht kann man den Stein aber gerade einmal seit gut 30 Jahren bewundern. Denn ursprünglich lag der Findling in der Erde, nur eine Kuppe ragte heraus. Bereits 1915 wurde er freigelegt, sprich die umliegende Erde wurde abgegraben, um ihn zu vermessen und zu heben. Letzteres gelang jedoch nicht, da kein geeignetes Gerät aufzutreiben war. Schließlich galt es, einen zehn Meter langen, sieben Meter breiten und drei Meter hohen Koloss von der Stelle zu bewegen. Und so wurde der Stein wieder mit Erde bedeckt.

1979 wurde im Rahdener Ortsteil Tonnenheide der Verein für Heimatpflege gegründet, der die Idee, den Stein zu heben, nochmals aufgriff. Man begab sich auf die Suche nach einer geeigneten Gerätschaft und wurde zwei Jahre später doch noch fündig. Für das aufwendige und kostspielige Unterfangen mussten zunächst großzügige Spenden und öffentliche Fördermittel aufgetrieben werden. Dann ging es los, und aus Bremerhaven rückten zwei Spezialkräne an. Zuerst wurde ein 300 Jahre alter Fachwerkspeicher um 80 Meter versetzt. Er umrahmte gemeinsam mit zwei weiteren Gebäuden den Findling und stand der Bergung im Weg. Anschließend wurde der 350 Tonnen schwere Große Stein von den Kränen aus der Erde gehoben und 70 Meter weiter an seinen heutigen Standort gebracht. Dort liegt er nun im Schatten von 200-jährigen Eichen und ist die Attraktion des Rahdener Ortsteils Tonnenheide.

Adresse Hahnenkamp 10, 32369 Rahden-Tonnenheide | Anfahrt A 30 Ausfahrt Kirchlengern, B 239 Richtung Lübbecke, Espelkamp fahren, hinter Espelkamp rechts auf Neuer Weg, nochmals rechts auf Osnabrücker Straße, an der 2. Kreuzung links auf Tonnenheider Straße, am Ende der Straße links und anschließend rechts auf Mindener Straße, beim Gasthaus Rüter's links auf Hahnenkamp | Tipp Im Sommerhalbjahr kann man zum Großen Stein auch mit der Museumseisenbahn anreisen, die zwischen Rahden und Uchte verkehrt, Fahrplan unter www.museumsbahn-rahden.de.

97 Die Flora Westfalica

Der wohl schönste Weg von Rheda nach Wiedenbrück

Rheda und Wiedenbrück – das sind zwei benachbarte mittelalterliche Städte, die über Jahrhunderte hinweg eine innige Beziehung bestehend aus Konkurrenzdenken und territorialen Konflikten pflegten. Seit der Kommunalreform im Jahr 1970 gehören beide Ortschaften zusammen. Zumindest auf dem Papier und dem Ortsschild. Doch lange Zeit entwickelten sich Rheda und Wiedenbrück zum Großteil nebeneinander anstatt miteinander weiter. Ein Grund dafür mag die Bundesautobahn 2 gewesen sein, die dem Verschmelzen beider Städte im Wege stand. Doch 1988 sollte Abhilfe geschaffen werden: Mit der Landesgartenschau wurde entlang der Emsauen ein attraktiver Park angelegt, einfach unter der Autobahn hindurch: die Flora Westfalica.

Mit der Gestaltung des Grüngürtels wurde von Anfang an das Ziel verfolgt, die beiden Stadtkerne näher zusammenzubringen. Und der 2,6 Kilometer lange Park, der sich auf 33 Hektar Fläche erstreckt, ist mit Sicherheit eine gelungene Einladung, um sich auf den Weg in den anderen Stadtteil zu machen. Vom Rosengarten mit 4.000 edlen Gewächsen über den sumpfigen Erlenbruchwald und die naturbelassenen Emsauen zur Flaniermeile am Emssee ist für jeden Geschmack etwas dabei. Zwischen den ruhigen Naturzonen finden sich verschiedene, nicht ganz alltägliche Aktions- und Spielbereiche für Kinder. Und auch zum Lernen geht es in die Flora Westfalica – raus aus der Schule und rein ins grüne Klassenzimmer.

Dass den Landschaftsarchitekten hier ein Meisterstück gelungen ist, hat nicht nur die Landesgartenschau 1988 gezeigt, die mit über zwei Millionen Besuchern bis heute eine der erfolgreichsten in Deutschland war. 2009 wurde die Flora Westfalica zum viertschönsten Park in Deutschland gekürt. Seit Kurzem ist sie gemeinsam mit dem Schlossgarten in Rheda ins anspruchsvolle Europäische Gartennetzwerk aufgenommen worden. Nur 150 Gärten aus ganz Europa genießen dieses Privileg.

Adresse Mittelhegge 11, 33378 Rheda-Wiedenbrück (Verwaltungssitz), www.flora-westfalica.de | Anfahrt A 2 Ausfahrt Rheda-Wiedenbrück, B 64 Richtung Rheda, 1. Abfahrt nehmen und nach rechts Richtung Rheda, Gütersloher Straße folgen und am Ende rechts halten, rechter Hand liegt der Parkplatz »Am Werl«, linker Hand führt ein Weg zum Schlosspark und weiter ins Gelände der Flora Westfalica | Öffnungszeiten Mo–Fr 8–17 Uhr | Tipp Vor oder nach dem Besuch der Flora mit dem Schlosspark sollte man sich auch einmal ins Schloss Rheda hineinbegeben. Hier kann man beispielsweise an einer Schlossführung teilnehmen oder das Kutschenmuseum besuchen.

98 Die Wiedenbrücker Schule

Als die Handwerker zu Netzwerkern wurden

Lange Zeit war sie wenig beachtet worden, ja fast schon in Vergessenheit geraten: die kunstgeschichtliche Vergangenheit von Wiedenbrück. Dabei war hier das Kunsthandwerk im 19. und frühen 20. Jahrhundert ein bedeutender Wirtschaftszweig. Es gab über 25 Werkstätten, die sich zum großen Teil der Herstellung von Kirchenausstattungen widmeten.

Die Besonderheit war, dass sich die Handwerker stark spezialisiert hatten. So gab es beispielsweise Altarbildhauer, Kunsttischler oder Ornamentiker. Außerdem übernahmen die Werkstätten nicht nur die Ausführung der Arbeiten, sondern auch den gestalterischen Entwurf. Die Hochspezialisierung der einzelnen Kunsthandwerker, die im Verbund mit den benachbarten Werkstätten zusammenarbeiteten, war außergewöhnlich. Diese Tatsache erfuhr auch in der Kunstgeschichte eine gewisse Beachtung und wird von Fachleuten als »Wiedenbrücker Schule« bezeichnet.

Doch gerade das Thema »Schule« hatte zur damaligen Zeit eine besondere Brisanz für die Wiedenbrücker Werkstätten. Sie forderten von der Verwaltung der staatlichen Handwerkerfortbildungsschule einen qualifizierten Zeichenunterricht für ihre Lehrlinge. Denn für die eigenen Entwürfe war das Kunsthandwerk der Stadt besonders berühmt.

Damit wussten allerdings die anderen Zünfte, wie Tabakfabrikanten oder Landwirte nichts anzufangen, die ihre Lehrlinge auf dieselbe Schule schickten. Die Stadtverwaltung befreite diese Zünfte daher kurzerhand mit einem neuen Ortsstatut von der Zwangsfortbildung. Somit konnte sich die Lehranstalt voll und ganz auf die Bedürfnisse der Kunsthandwerker konzentrieren. Man hatte offenbar erkannt, dass deren Zusammenspiel eine echte Besonderheit war und gefördert werden musste. Im 21. Jahrhundert hat man diese Einmaligkeit wiederentdeckt und ihr ein eigenes Museum gewidmet.

Adresse Hoetger-Gasse 1, 33378 Rheda-Wiedenbrück, www.wiedenbruecker-schule.org | **Anfahrt** A 2 Ausfahrt Rheda-Wiedenbrück, B 64 Richtung Rietberg, Lippstadt, die 2. Abfahrt Rietberg, Wiedenbrück nehmen und im Kreisverkehr die 1. Ausfahrt raus, auf die Rietberger Straße Richtung Rheda-Wiedenbrück, rechter Hand befinden sich Parkplätze am Jahnstadion, von dort aus die Rietberger Straße circa 200 Meter Fußweg zum Museum | **Öffnungszeiten** Mi, Sa, So 15–17 Uhr | **Tipp** Die Wiedenbrücker Altstadt beeindruckt mit ihren gut erhaltenen historischen Fachwerkbauten, die mit Bildern und Inschriften aufwendig verziert sind.

99_Das Bibeldorf

Eine Reise nach Jerusalem

Das Bibeldorf ist ein außergewöhnliches Freilichtmuseum, das seine Besucher auf eine christliche Zeitreise mitnimmt. Von Mai bis Oktober kommen Schulklassen, Jugend- und Erwachsenengruppen sowie zahlreiche Einzelbesucher auf das 22.000 Quadratmeter große Gelände, auf dem sich früher die Rietberger Kläranlage befand, und tauchen in die Welt und Umwelt der Bibel zwischen Vorantike und dem 1. Jahrhundert ein. Für die Schulklassen werden spezielle Projekte zum Anfassen und Mitmachen angeboten. Diese sind nicht nur für den Religionsunterricht interessant, sondern behandeln auch Themenbereiche aus den Fächern Geschichte und Geographie. Die Projekte im Bibeldorf sind allesamt auf den Lehrplan in Nordrhein-Westfalen abgestimmt.

Initiator war 2003 die Kirchengemeinde Rietberg. Mittlerweile sind 130 Erwachsene und Jugendliche im Bibeldorf ehrenamtlich aktiv, stellen biblisches Alltagsleben dar, zeigen Handwerkskunst aus Galiläa und erzählen Geschichten. Im Museum gibt es beispielsweise ein Nomadenlager, wie es von Abraham oder Moses bewohnt worden sein könnte, sowie eine römische Wohnanlage. Auf dem Außengelände wurde ein Garten mit Heilpflanzen, Gewürzen und Kräutern aus biblischer Zeit angelegt.

Rund 30.000 Menschen besuchen jedes Jahr das Bibeldorf. Kein Wunder, schließlich ist es in seiner Form einzigartig in Deutschland. Lediglich in Holland, den USA und Israel gibt es ähnliche Einrichtungen, von denen sich die Rietberger Initiatoren inspirieren ließen. Und da man zur Umsetzung auf Spenden und freiwillige Helfer angewiesen war, wurden der Einfachheit halber schlichte Fertiggaragen zu Wohnhäusern umgestaltet. Eine Lösung, die sich nicht nur als preiswert und praktisch, sondern auch als optisch sehr wirkungsvoll erwiesen hat. Denn mit ihrer Größe und Gestalt vermitteln sie einen guten Eindruck davon, in welchen Verhältnissen Familien damals mit meist sechs bis acht Personen gelebt haben.

Adresse Jerusalemer Straße 2 (Perlbruch 2), 33397 Rietberg, www.bibeldorf.de | Anfahrt A 2 Ausfahrt Rheda-Wiedenbrück, B 64 Richtung Rietberg, Lippstadt, 2. Ausfahrt nehmen, um auf B 64 (Richtung Rietberg, Paderborn) zu bleiben, die 2. Rietberger Abfahrt nach links auf Rottwiese fahren, 2. Straße rechts auf Jerusalemer Straße (früher Perlbruch) | Öffnungszeiten im Sommerhalbjahr Di–So 14–18 Uhr | Tipp In der Rietberger Altstadt befindet sich das Atelier des italienischen Künstlers Angelo Monitillo. Er verwandelt Metallschrott zu Skulpturen, wie sie überall im Bibeldorf zu finden sind.

100 Das Rathaus

Nicht original, aber trotzdem wunderschön

Fast überall, wo man in Ostwestfalen-Lippe schöne und liebevoll sanierte historische Gebäude sieht, trifft man auf Fachwerkbauten. In den Städten erlebte diese Bauweise im 16. Jahrhundert ihre Blütezeit. In kleineren Dörfern und auf Bauernhöfen wurde die Technik oftmals noch bis ins 19. Jahrhundert angewandt. In vielen ostwestfälischen Städten markiert ein Fachwerkensemble um den Kirch- oder Marktplatz herum das historische Zentrum des Ortes. Das Städtchen Rietberg beeindruckt durch besonders viele, gut erhaltene Fachwerkhäuser.

Besonders sehenswert ist das Rathaus, das allerdings kein Original mehr ist. 1977 wurde es wegen Baufälligkeit abgerissen – Denkmalschutz interessierte damals nicht. Immerhin baute man es danach wieder fast originalgetreu auf.

Das ursprüngliche Gebäude war zu Beginn des 19. Jahrhunderts im traditionellen Fachwerkstil allerdings um einiges schlichter und schmuckloser errichtet worden als das heutige. Die überdachte Treppe mit dem schicken Türmchen kam während des Ersten Weltkrieges im Jahr 1915 hinzu. Vorher gab es hier nur eine doppelläufige Freitreppe, auf deren Stufen es in den damals noch härteren Wintern zu einer gefährlichen Rutschpartie kommen konnte. 1939 baute man das Mansarddach mit den Gauben aus, um hier zusätzliche Büroflächen zu schaffen. Diese aus praktischen Gründen notwendigen Umbaumaßnahmen machten das Rietberger Rathaus zu dem, was es heute ist: eines der schönsten Fachwerkhäuser in Westfalen.

Wer das Rathaus in voller Pracht und ohne Passanten fotografieren will, wird es im Sommer allerdings schwer haben. Denn dann hält sich mit großer Wahrscheinlichkeit eine Gruppe von »Alltagsmenschen« vor der Treppe auf. Die bei Bewohnern und Besuchern beliebten, lebensgroßen Skulpturen der Künstlerin Christel Lechner bereichern das Stadtbild an wechselnden Standorten und sind in den Sommermonaten vor dem Rietberger Rathaus zu finden.

Adresse Rathausstraße 31, 33397 Rietberg | **Anfahrt** A 2 Ausfahrt Rheda-Wiedenbrück, B 64 Richtung Rietberg, Lippstadt, 2. Ausfahrt nehmen, um auf B 64 (Richtung Rietberg, Paderborn) zu bleiben, die 1. Rietberger Abfahrt nach links auf Inselweg fahren, rechts halten (Wiedenbrücker Straße), rechts auf Rathausstraße | **Tipp** Die historische Altstadt ist von einem schönen Grüngürtel umrandet – den ehemaligen Wallanlagen. Der Rundgang, der teilweise entlang der Ems führt, ist etwa drei Kilometer lang.

101 Der Nonnenstein

Nur der zweithöchste Berg im Wiehengebirge

51 Meter. Das ist gut doppelt so hoch wie der höchste Berg Ostfrieslands. Und in Ostwestfalen? Da ist das die Höhe, um die man sich mal eben beim vermeintlich höchsten Berg des Wiehengebirges verrechnet hat. Bis in die 1960er Jahre hieß es, dass der Nonnenstein bei Rödinghausen 325 Meter hoch sei. Damit wäre er ganze fünf Meter höher als der Heidbrink. Ist er aber nicht. Der Nonnenstein ist nur 274 Meter hoch und der Heidbrink somit eindeutig die höchste Erhebung der Bergkette. Was man im Übrigen auch mit bloßem Auge erkennen kann. Wie es zu diesem Fehler kam, kann nicht mehr nachvollzogen werden. Es ist aber erstaunlich, dass sich die falsche Höhenangabe so hartnäckig gehalten hat. Und das in einer Zeit, in der man schon lange in der Lage war, Geländehöhen auf den Meter genau zu bestimmen.

Ebenfalls hartnäckig gehalten hat sich die Sage, wie der Nonnenstein zu seinem Namen kam. Es ist die traurige Geschichte der schönen Hildburga, die hier oben auf der Burg ihres Vaters lebte. Der Vater war gegen ihre Liebe zu einem gewissen Ritter vom Limberg. Er veranstaltete ein Turnier, dessen Sieger Hildburga zur Frau bekommen sollte. Am Ende standen sich der Vater und der Ritter vom Limberg im Duell gegenüber. Sie verletzten sich gegenseitig und starben beide. Dieser doppelt schmerzliche Verlust bewog Hildburga dazu, Nonne zu werden und aus der Burg ein Kloster zu machen. Später wurde das Gebäude bis auf einen einzigen Turm zerstört.

Wer den Nonnenstein besteigt, wird dort tatsächlich einen 14 Meter hohen Turm vorfinden, der ebenfalls »Nonnenstein« genannt wird. Daran, dass es sich dabei um den Turm des ehemaligen Burgklosters handelt, ist aber ungefähr genauso viel dran wie an der Geschichte mit den 325 Metern. Der jetzige Turm wurde erst 1897 als »Kaiser-Wilhelm-Turm« errichtet und bietet bei gutem Wetter eine tolle Sicht bis zum Hermannsdenkmal.

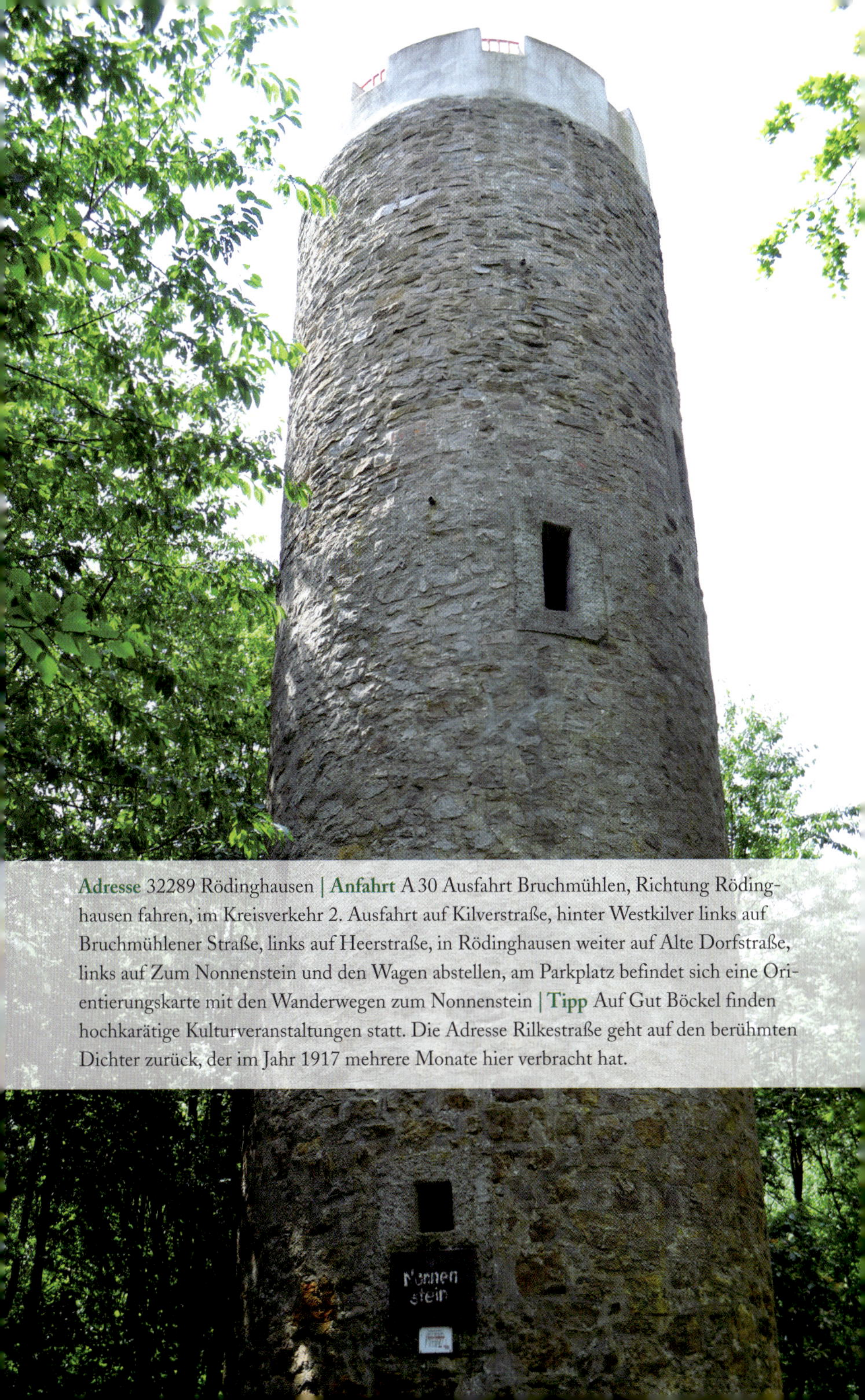

Adresse 32289 Rödinghausen | **Anfahrt** A 30 Ausfahrt Bruchmühlen, Richtung Rödinghausen fahren, im Kreisverkehr 2. Ausfahrt auf Kilverstraße, hinter Westkilver links auf Bruchmühlener Straße, links auf Heerstraße, in Rödinghausen weiter auf Alte Dorfstraße, links auf Zum Nonnenstein und den Wagen abstellen, am Parkplatz befindet sich eine Orientierungskarte mit den Wanderwegen zum Nonnenstein | **Tipp** Auf Gut Böckel finden hochkarätige Kulturveranstaltungen statt. Die Adresse Rilkestraße geht auf den berühmten Dichter zurück, der im Jahr 1917 mehrere Monate hier verbracht hat.

102 Die Ölmühle

Alles neu und trotzdem historisch

Nein, OWL ist nicht die Abkürzung für Ostwestfälisches Windmühlen-Land. Auch wenn man das angesichts der Mühlendichte in der Region meinen könnte. Neben dem Wind war auch Wasser eine wichtige Antriebskraft für die historischen Mahlwerke. So auch in dem kleinen Fachwerkhaus an der Heder im Salzkottener Franz-Kleine-Park. Das Innenleben dieser Mühle unterscheidet sich allerdings von den gängigen Kornmühlen. Hier mahlt der Müller nämlich kein Mehl, sondern zerquetscht Samen, um Öl daraus zu pressen.

Schon im 16. Jahrhundert gab es an der Heder eine Ölmühle, allerdings einige Meter von der heutigen entfernt. Nach ihrem Abbau erinnerte mehr als 20 Jahre lang nur der Straßenname »Ölweg« an ihre Existenz. Dann kam ein Verein, der sich für den Erhalt kulturhistorischer Bauwerke einsetzt, und rekonstruierte die alte Mühle. Wer sich das Gebäude ansieht, mag kaum glauben, dass es aus den 1990er Jahren stammt. Der Trick dabei: Für den Bau wurden gebrauchte Ziegelsteine und Dachpfannen eines alten Stallgebäudes verwendet. Und das Mahlwerk stammt von einer ehemaligen Ölmühle aus Büren-Wewelsburg. Die technische Besonderheit ist hier, dass zwei Mühlsteine aufrecht auf einem dritten Stein stehen. Sie drehen sich gegengleich jeweils um ihre eigene Achse sowie um eine gemeinsame Mittelachse. So werden die Ölfrüchte gequetscht. Anschließend wird in einer Presspfanne das Öl gewonnen.

Eingebettet ist die Ölmühle in ein Ensemble, das alte Handwerkskunst aufleben lässt. Auf der sogenannten Handwerksinsel gibt es auch noch eine Holzschuhmacherwerkstatt, eine Schmiede und ein Backhaus. Alles in schönen kleinen Fachwerkhäusern am Rande des Parks untergebracht. Einmal im Monat öffnen diese ihre Türen und führen das alte Handwerk vor. Dann kann man sich ein frischgebackenes Brot und eine Flasche urgesundes Rapsöl mit nach Hause nehmen.

Adresse Lange Straße 1, 33154 Salzkotten | Anfahrt A 44 Ausfahrt Salzkotten, aus Richtung Dortmund kommend rechts abbiegen und im Kreisverkehr die 1. Ausfahrt, aus Richtung Kassel kommend im Kreisverkehr die 2. Ausfahrt nehmen, beim nächsten Kreisel die 4. Ausfahrt Richtung Salzkotten, der Straße bis zum Kreisverkehr folgen, die 1. Ausfahrt auf die B 1 Richtung Salzkotten-Zentrum nehmen, zwei Kreisverkehre passieren, dann liegt linker Hand die Handwerksinsel | Öffnungszeiten April–Okt. jeden 1. So im Monat 10–18 Uhr, Vorführungen um 10.30 und 15.30 Uhr | Tipp Im Salzkottener Ortsteil Verne gibt es eine weitere Mühle. Mit Wasserkraft und einem Generator erzeugte sie Gleichstrom und versorgte Teile des Dorfes Verne schon um 1900 mit selbigem.

103 Die Malerstadt Schwalenberg

So malerisch, dass die Maler es ständig malten

Schon immer waren es die pulsierenden Metropolen, in die es die Künstler zog. Dort konnten sie sich frei entfalten, das Leben mit all seinen Facetten aufsaugen und in ihrer Kunst zum Ausdruck bringen. Und trotzdem kamen einige von ihnen aus den Großstädten auch immer wieder in die ruhigen und beschaulichen Dörfer. Besonders Impressionisten und Landschaftsmaler nutzten den Aufenthalt auf dem Land für neue Schaffensimpulse. Manchmal, wenn alles stimmte – Landschaft, Architektur, Lichtverhältnisse, Stimmung –, entwickelten sich regelrechte Künstlerkolonien.

Schwalenberg ist ein solches Dorf, das die Kunstschaffenden magisch anzog. Über den Gassen mit den Fachwerkhäusern thront die Burg Schwalenberg, von der man großartige Ausblicke über den Ort und die malerische Landschaft hat. Hans Bruch war einer der Ersten, der sich in Schwalenberg aufhielt und die Künstlerkolonie mitbegründete. 1906, direkt nach seinem ersten Besuch, stellte er die entstandenen Werke in Berlin aus. Damit stieg der Bekanntheitsgrad des ostwestfälischen Dorfes in nur wenigen Wochen exponentiell an. Andere Künstler aus Berlin, Düsseldorf, Hannover oder Bremen kamen nach Schwalenberg. Die Gasthöfe des Ortes entwickelten sich zu ihren Treffpunkten und trugen fortan Namen wie »Künstlerklause«.

Nach dem Zweiten Weltkrieg stagnierte das kreative Leben in Schwalenberg. Ab 1978 übernahm die Stadt mit dem Landesverband Lippe die Kulturarbeit. Regelmäßige Ausstellungen und Kunst-Events, darunter die alle zwei Jahre stattfindende Kunstnacht, ziehen Publikum und Künstler an. Außerdem gibt es die Schwalenberger Sommerakademie, in der Kurse für Malerei, Zeichnen, Bildhauerei und Drucktechniken sowie spezielle Kinderkurse angeboten werden. Ansonsten lohnt es sich auch, einfach nur durch den Ort und die Umgebung zu bummeln. Landschaft, Licht und Atmosphäre sind immer noch so beeindruckend wie vor 100 Jahren.

Adresse 32816 Schieder-Schwalenberg | **Anfahrt** A 33 Ausfahrt Paderborn-Elsen, B 1 Richtung Detmold, auf B 239 Richtung Schieder-Schwalenberg, geradeaus durch Wöbbel fahren, im Ortsteil Schieder rechts auf Keßlerstraße, rechts halten und weiter auf Schwalenberger Straße zum Ortsteil Schwalenberg | **Tipp** Im Ortsteil Schieder befindet sich die Papiermühle Plöger. Die seit dem 18. Jahrhundert bestehende Papierproduktion wurde ab Ende des 19. Jahrhunderts mit Wasserkraft betrieben.

104 Das Hücker Moor

Vom Torfabbau zur Naherholung

Das Hücker Moor ist das Naherholungsziel Nummer eins in Spenge. Nun mag man sich fragen, was die Spenger in ihrer Freizeit in eine morastige Sumpflandschaft ziehen mag? Die Antwort ist einfach: Das Hücker Moor ist ein Moorsee, auf dem es sich herrlich rudern, Tretboot fahren und angeln lässt.

In früheren Jahrhunderten hat sich der salzhaltige Untergrund an dieser Stelle ausgewaschen. In der entstandenen Geländesenkung, die von Geologen als Erdfall bezeichnet wird, sammelte sich Wasser, das nur spärlich abfloss. Es bildete sich ein See, der zunehmend verlandete – ein Flachmoor mit mächtigen Torfschichten war entstanden.

Um Brenn- und Baumaterial zu erhalten, wurde der Torf im Hücker Moor großflächig abgebaut und dadurch die abgesenkte Oberfläche noch weiter ausgehoben. Als der Abbau Mitte des 19. Jahrhunderts eingestellt wurde, lief die Senke voll. Der See entstand, und das Moor verschwand. Nur der Name blieb.

Obwohl er gerade einmal elf Hektar groß ist, ist der Moorsee die größte Wasserfläche im Kreis Herford. Und trotzdem ist er im Schnitt noch nicht mal einen Meter tief. Darunter befindet sich eine mehrere Meter tiefe Schicht an Faulschlamm – ein Relikt aus den moorigen Tagen, das heute die Zukunft des Sees bedroht. Durch Erosion, einfallendes Laub und Algenwachstum wird diese Schicht immer dicker, und der See droht erneut zu verlanden. Der Natur an dieser Stelle einfach ihren Lauf zu lassen, ist keine wünschenswerte Option für den Naturschutz. Denn die Wasserfläche und angrenzenden Uferzonen bieten mittlerweile vielen Tierarten, insbesondere Wasservögeln, einen wertvollen Lebensraum. Deshalb gibt es vielfältige Bemühungen und Schutzmaßnahmen, um das Hücker Moor, so wie es heute aussieht, zu erhalten. In erster Linie zum Schutz der Natur. Aber bestimmt auch mit der Absicht, dieses schöne Ausflugsziel nicht zu verlieren.

Adresse Moorstraße, 32139 Spenge-Hücker-Aschen | Anfahrt A 30 Ausfahrt Bünde, Ennigloh, Richtung Bünde-Ahle fahren, in Ahle links auf Werfer Straße, rechts auf Bünder Straße Richtung Spenge, an der Gabelung links halten und auf Torfstraße fahren, nächste Möglichkeit rechts auf Moorstraße, nach links führen mehrere Wege direkt zum See, wo sich an den Gaststätten Parkplätze befinden | Tipp Am Spenger Mühlenbach liegt das ehemalige Rittergut »Haus Werburg«. Die gut erhaltene Anlage ist nicht nur wegen der hier stattfindenden Kunstausstellungen und Veranstaltungen ein beliebtes Ausflugsziel.

105 Der Vulkan von Sandebeck

Der nördlichste Baby-Vulkan Deutschlands

Wer als geologischer Laie das Eggegebirge erkundet, würde nicht unbedingt auf die Idee kommen, dass es hier vor einigen Millionen Jahren rege vulkanische Aktivitäten gab. Beim Desenberg bei Warburg ist es noch offensichtlich, er stellt sich mit seiner kegelartigen Form wie ein klassischer Feuerberg dar. Doch am Nordende des Gebirgszugs muss man sich schon etwas mehr anstrengen, um fündig zu werden.

Aber die Suche nach dem Vulkan von Sandebeck lohnt sich, denn wer kann schon von sich behaupten, den nördlichsten und vielleicht auch kleinsten Vulkan Deutschlands besucht zu haben?

Entstanden ist er vor circa sieben bis 14 Millionen Jahren. Im sogenannten Miozän gab es Verschiebungen der Erdkruste. Dadurch ist selbige an verschiedenen Stellen aufgerissen, und vulkanische Aktivität trat zutage. An anderen Stellen in der Region zeigt sich diese beispielsweise durch kohlensäurehaltige Quellen. Und in Sandebeck? Da hat seinerzeit der Basaltgang, der nur zehn Meter breit ist, versucht, sich an die Oberfläche zu arbeiten. Auf seinem Weg ging ihm aber die Kraft aus, und er blieb in der Erdkruste stecken. Somit handelt es sich hier genau genommen nicht um einen ausgewachsenen Vulkan, sondern eigentlich um einen Vulkanit, also ein Vulkanembryo. Aber den Titel als »nördlichster Vulkan Deutschlands« darf er trotzdem behalten.

Weil er die Oberfläche nicht durchstoßen hat, ist der 300 Meter tiefe Basaltgang auch erst im Jahr 1834 entdeckt worden. Danach machte sich die preußische Regierung das Vulkänchen aber sofort zunutze. Das blaugraue Gestein wurde abgebaut, da es sich hervorragend als Schotter für Straßen und Gleisanlagen eignete. Aufgrund langer Transportwege war dieses Unterfangen allerdings nicht sehr einträglich und wurde schnell wieder aufgegeben. Übrig geblieben ist die Abbruchkante, durch die man den Vulkan seitdem wesentlich leichter finden kann.

Adresse 32839 Steinheim-Sandebeck | Anfahrt A 33 Ausfahrt Paderborn-Elsen, B 1 Richtung Detmold, Bad Lippspringe, die 2. Ausfahrt nach Horn-Bad Meinberg nehmen, rechts Richtung Leopoldstal, der Leopoldstaler Straße folgen, links auf Teutoburger-Wald-Straße nach Sandebeck, rechts auf Am Bahndamm, vor der Bahnunterführung nach links zum Parkplatz; zu Fuß unter der Bahnunterführung durch, gleich danach an der Gabelung rechts halten, nach der Brücke an der Kreuzung links, der Vulkan befindet sich in dem Waldstück rechts des Weges | Tipp Ganz in der Nähe liegen die beiden höchsten Gipfel des Eggegebirges – die preußische und die lippische Velmerstot. Beide sind durch einen Wanderweg miteinander verbunden.

106 Der Schweinebrunnen

Ein rachsüchtiges Borstenvieh auf dem Marktplatz

Egal, ob ein historisches Bauwerk, das in früheren Zeiten der zentralen Wasserversorgung diente, oder ein modern gestaltetes Wasserspiel – auf den Marktplatz einer Ortschaft gehört einfach ein Brunnen. So ist es in den meisten deutschen Städten, und so ist es seit 1986 auch in Versmold. Bei der Gestaltung des Brunnens wurde kein abstrakter Schnickschnack gewählt, sondern eine handfeste Darstellung: ein Wurstträger, umringt von Schweinen. Ein Schwein versucht sogar, den Wurstträger umzustoßen – sozusagen als vorweggenommene Rache für die bevorstehende Schlachtung.

»Die Rache des Schweines« war ursprünglich auch der Titel, den der Künstler Robert Günzel seinem Entwurf gegeben hatte. Die offizielle Bezeichnung lautet »Wurstträgerbrunnen«, und die Versmolder Bürger nennen ihn einfach »Schweinebrunnen«. Doch ganz egal, wie er nun heißt – viel interessanter ist die Frage, warum eine Stadt sich mit der Darstellung des ordinären Borstenviehs ziert. Und die Antwort ist ganz einfach: In Versmold hat die Fleisch- und Wurstwarenproduktion eine lange Tradition. Die hier ansässigen Fleischereien zählen zu den größten in Deutschland. Nicht nur die bei Kindern beliebte Mortadella mit Bärchengesicht kommt aus Versmold, sondern auch der bekannteste deutsche Geflügelwursthersteller.

Doch zurück zu den Schweinen. Sie waren es nämlich, die schon lange vor der Industrialisierung dafür sorgten, dass die Versmolder Fleisch- und Wurstwaren in der ganzen Region bekannt und beliebt waren. Sie wurden von den Bauern in die Nutzwälder getrieben, von denen die Stadt umgeben war, und ernährten sich dort vorwiegend von Eicheln und Bucheckern. Dadurch wurde ihrem Schinken eine besondere Kernigkeit zugeschrieben.

Und so nahm die Erfolgsgeschichte der »Wurstküche Westfalens« ihren Lauf – und der Schweinebrunnen erinnert die Versmolder täglich daran.

Adresse Marktplatz (Berliner Straße, Ecke Wiesenstraße), 33775 Versmold | **Anfahrt** A 2 Ausfahrt Beckum, B 475 Richtung Warendorf, Ennigerloh, nach der Durchfahrt von Westkirchen rechts Richtung Beelen, in Beelen rechts auf B 64, 2. links auf Greffener Straße, in Greffen Kreisverkehr passieren und auf Versmolder Straße, rechts auf Kämpenstraße, rechts auf Ringallee, links auf Wiesenstraße; der Marktplatz liegt am Ende der Wiesenstraße | **Tipp** Das Heimatmuseum ist in einem schönen Fachwerkkotten aus dem 18. Jahrhundert untergebracht. Ein Teil der Dauerausstellung widmet sich der Entwicklung der Versmolder Fleischwarenindustrie.

107 Die Burg Vlotho

Vielleicht die schönste Aussicht im Kreis Herford

Die Ebenöde ist entgegen ihrem Namen alles andere als eben und auch kein bisschen öde. Es handelt sich nämlich um einen 237 Meter hohen Berg, der im Norden von Vlotho direkt an der Weser liegt. Einer seiner Ausläufer ist der Amtshausberg, der zwar rund 100 Meter kleiner, aber mit seinen steilen Hängen besonders prägend für das Landschaftsbild ist.

Die steile Erhebung machten sich die Menschen vermutlich schon vor 2.000 Jahren zunutze und erbauten hier eine Wallburg. Später richteten sich die Karolinger innerhalb der Wallburg einen Königshof ein. Dieser wiederum wurde 1250 durch eine neue Höhenburg ersetzt. Bis zum 17. Jahrhundert hatten die Amtsmänner des Amtes Vlotho hier ihren Sitz. Daher auch der Name des Berges.

Nach den Wirren des Dreißigjährigen Krieges war die Burg verfallen. 1709 wurde sie abgebrochen, das Steinmaterial verkauft und die Ruine somit bis auf die Grundmauern abgetragen. Ihre Anziehungskraft hat sie trotzdem nie verloren. Die grandiose Aussicht auf das Wesertal ist dafür sicher der wichtigste Grund.

1884 wurde auf dem Burggelände eine Ausflugsgastronomie errichtet. Einige Jahre später kam eine Musikmuschel für Konzerte hinzu, und 1903 wurde ein Bismarckturm gebaut. Der Turm wurde nach nur 33 Jahren wieder abgerissen, und auch die Musikmuschel gibt es nicht mehr. Die Konzerte finden mittlerweile auf einer Zeltbühne statt.

Eine echte Besonderheit ist die Überdachung der Burgruine. So können Gesellschaften und Familienfeiern inmitten der historischen Mauern, vor schlechter Witterung geschützt, stattfinden. Besonders beliebt ist dieses Ambiente bei Hochzeitspaaren, die sich an dem nahe gelegenen Hochzeitsstein trauen lassen. Darüber hinaus können Burgbesucher einmal im Jahr auf dem Burgfest Vlotho ins Mittelalter eintauchen. Dann lassen Handwerker und Gaukler die Blütezeit der Burg wieder lebendig werden.

Adresse Burgstraße 41, 32602 Vlotho | Anfahrt A2 Ausfahrt Bad Oeynhausen, B 514 Richtung Vlotho, in Vlotho rechts auf Zollstraße, um auf die höher gelegene Mindener Straße zu gelangen, links abbiegen, rechts auf Burgstraße, dem Straßenverlauf durch die S-Kurve bis zur Burg folgen | Tipp Ein paar Kilometer entfernt, aber absolut sehenswert, ist Lindemanns Windmühle im Vlothoer Ortsteil Exter.

108 Der Desenberg

Vulkankegel mit hart umkämpfter Burganlage

Das Eggegebirge und der Teutoburger Wald machen Ostwestfalen-Lippe zu einer recht hügeligen, fast schon bergigen Region. Im Gegensatz dazu ist die Warburger Börde richtig flach. Und genau deshalb ist er so eindrucksvoll: der Desenberg. 344 Meter hoch, von gleichmäßig kegelförmiger Gestalt, die Spitze mit einer Burgruine gekrönt, erhebt er sich 150 Meter über das platte Land. Die markante Gestalt verdankt er seinem vulkanischen Ursprung. Die weichen Keuperschichten wurden im Laufe von Jahrmillionen abgetragen, nur der harte Basaltkern trotzte der Verwitterung. Und da es am Desenberg nie einen Vulkanausbruch gab, blieb auch seine Spitze erhalten, die die Menschen wahrscheinlich schon vor mehr als 1.000 Jahren erobert haben.

Der Desenberg erwies sich als idealer Standort, um hier eine gut befestigte Burganlage zu errichten. Im 12. Jahrhundert sollte der damalige Hausherr Widukind von Schwalenberg von der Burg vertrieben werden, da ihm das Lehen für selbige entzogen worden war. Dies war erst möglich, als Heinrich der Löwe einen Stollen in den Berg treiben ließ und dem Burgherrn die Wasserversorgung kappte.

Auch in den folgenden Jahrhunderten kam es immer wieder zu Angriffen und Belagerungen der Burg – die meist erfolglos blieben. Den Grund dafür erkennt man, wenn man den teilweise steilen Aufstieg zum Gipfel wagt. – Im Mittelalter war dies sicherlich nicht über einen so gut ausgebauten Wanderweg möglich wie heute. – Oben angekommen eröffnet sich ein beeindruckender Rundumblick auf das flache Umland. Von hier aus konnte man herannahende Feinde schon von Weitem erkennen und sich entsprechend wappnen. Nur im Jahr 1470 nützte das nichts: Die Desenburg wurde erstürmt und weitgehend zerstört.

Trotz des Wiederaufbaus verfiel die Anlage in den folgenden Jahrzenten zusehends und dient heute nur noch als schönes Postkartenmotiv.

Adresse Desenberg, 34414 Warburg-Daseburg | **Anfahrt** A 44 Ausfahrt Warburg, B 252 Richtung Warburg, die Ausfahrt zur B 7 nehmen, rechts nach Warburg abbiegen, an der 4. großen Kreuzung rechts auf Kasseler Straße, gleich wieder rechts auf Am Tannenwäldchen, nach der Unterführung links, um auf Am Tannenwäldchen zu bleiben, links auf Bahnhofstraße, gleich danach rechts, unter der Gleisanlage durchfahren, wieder rechts auf Desenbergstraße, rechts zum Berg abbiegen, am Fuß befindet sich ein kleiner Parkplatz | **Tipp** Eine knappe halbe Autostunde entfernt liegt das Kloster Hardehausen, das ebenfalls zum Warburger Stadtgebiet gehört.

109 Das Rathaus zwischen den Städten

Verbindungsweg von Warburg nach Warburg

Wenn in einer Stadt von der Alt- und der Neustadt die Rede ist, kann man meist schnell erkennen, um welche Ortsteile es sich dabei jeweils handelt. In der Altstadt sind im Idealfall die mittelalterlichen Bauten und engen Gassen erhalten geblieben. Im Gegensatz dazu stammt die Neustadt oftmals aus der Gründerzeit und ist von deren repräsentativer Architektur geprägt. In Warburg ist das anders. Dort ist der Unterschied zwischen Alt- und der darüber thronenden Neustadt kaum erkennbar. Dieser Umstand ist der Tatsache geschuldet, dass die sogenannte Neustadt gar nicht so viel neuer ist als die Altstadt. Es liegen zwar immerhin knapp 200 Jahre zwischen ihnen, aber selbst die Neustadt hat schon fast 800 Jahre auf dem Buckel. Auch wenn es lange Zeit Spannungen zwischen den beiden Warburger Städten gegeben hatte und sie sich sogar durch eine Mauer voneinander abgrenzten, schlossen sie sich im 15. Jahrhundert zusammen.

Da keine Stadt der anderen in etwas nachstehen wollte, hielt man die Ratsversammlungen im Sinne der Gleichberechtigung abwechselnd in den beiden bestehenden Rathäusern ab. Nach über 120 Jahren entschloss man sich allerdings, nun doch ein gemeinsames Rathaus zu bauen. Und natürlich konnte es hierfür keinen anderen Standort als die ehemalige Grenze zwischen den beiden Städten geben. Es sollte sich ja keiner benachteiligt fühlen.

Heute lautet die Anschrift des 1568 erbauten Rathauses »Zwischen den Städten«. Die an der Südseite verlaufenden Arkaden waren bis ins 19. Jahrhundert der einzige Verbindungsweg zwischen Alt- und Neustadt. 1901/02 wurde das Gebäude umfassend restauriert und um ein Fachwerkgeschoss und einen Dachreiter aufgestockt. Heute befinden sich das Standesamt und die Volkshochschule darin.

Adresse Zwischen den Städten, 34414 Warburg | **Anfahrt** A 44 Ausfahrt Warburg, B 252 Richtung Warburg, die Ausfahrt zur B 7 nehmen, rechts nach Warburg abbiegen, an der zweiten großen Kreuzung rechts auf Papenheimer Straße, weiter auf Burggraben, den Kreisverkehr passieren und links auf Emil-Herz-Platz, in Sackstraße, links halten auf Schützenzaun, das Rathaus befindet sich kurz vor dem Brüderkirchhof auf der linken Seite | **Öffnungszeiten** Mo–Fr 8–12 Uhr, Mo–Do 14–16 Uhr | **Tipp** In der Nähe befindet sich der Sackturm, der zusammen mit dem Sacktor ein besonders sehenswerter Teil der gut erhaltenen Warburger Stadtbefestigung ist.

110 Das Böckstiegel-Haus

Gesamtkunstwerk eines westfälischen Expressionisten

Westfälischer Friede, Westfälischer Pickert, Westfälischer Schinken. Alles klar. Aber Westfälischer Expressionismus? Nicht bekannt? Gibt es aber. Seine Vertreter sind sicherlich nicht so bekannt wie die wichtigsten deutschen Expressionisten, die der Brücke oder dem Blauen Reiter angehörten. Wer sich aber etwas mit moderner Kunst auskennt, dem sagen Namen wie Morgner, Viegener oder Böckstiegel schon etwas.

Die westfälischen Expressionisten waren zwar keine feste Künstlergruppe wie ihre berühmten Kollegen, aber dennoch wies ihr Werk gewisse Gemeinsamkeiten auf. Sie waren stark von ihrer Liebe zur Landschaft Westfalens geprägt, die sich in ihren Arbeiten widerspiegelt. Darin unterschieden sie sich von ihren Zeitgenossen, die die Großstadt, das Nackte, die Prostitution malten.

Im Böckstiegel-Haus findet man Einflüsse beider Richtungen. Der Grund: Peter August Böckstiegel, der in Werther geboren und gestorben ist, hat die Hälfte seines Lebens in Dresden verbracht. Aufgewachsen als Kind einer Kleinbauernfamilie, hat ihn das ärmliche, von harter Arbeit geprägte Leben seiner Eltern stark beeindruckt. Es findet sich in vielen seiner Werke wieder. Die Eltern waren es auch, die – trotz ihrer Lebenssituation – die künstlerischen Ambitionen des Sohnes von Beginn an unterstützten. Vielleicht war das der Grund, warum Peter August Böckstiegel nach der Bombardierung Dresdens 1945, bei der der Großteil seines Werkes zerstört wurde, nach Werther in sein Geburtshaus zurückkehrte und hier mit seiner Familie bis zu seinem Tod lebte. Er baute und gestaltete das Haus nach seinen Bedürfnissen und Vorstellungen um.

Schon von Weitem signalisiert der leuchtend rote Anstrich, dass in diesem Gebäude ein Künstler zu Hause war. Und am Eingang bieten die von Böckstiegel gestalteten Glasfenster einen Vorgeschmack auf das Gesamtkunstwerk, das die Gäste im Inneren des Hauses erwartet.

Adresse Schlossstraße 111, 33824 Werther (Westf.), www.boeckstiegel-haus.de | Anfahrt A 2 Ausfahrt Bielefeld-Zentrum, B 66 Richtung Bielefeld-Zentrum, rechts auf Artur-Ladebeck-Straße (B 66), links auf Stapenhorststraße (wird zur Wertherstraße), links abbiegen, um auf Wertherstraße zu bleiben, nach knapp 4 Kilometern rechts auf Deppendorfer Straße, nach der Durchfahrt des Bielefelder Ortsteils Deppendorf links auf Schlossstraße | Öffnungszeiten das Haus kann nur im Rahmen einer Führung besichtigt werden, Buchung unter Tel. 05203/3297 | Tipp Am Alten Markt prägt das Storck'sche Haus das Stadtbild. Anfang des 20. Jahrhunderts diente es dem Gründer der gleichnamigen Süßwarenfabrik als Wohn- und Kontorhaus.

111 Die »Alte Eisenbahn«

Von der Großbaustelle zum Naturdenkmal

Wanderfreunde, die die Natur lieben, und zwar die bergige, sollten ihren Sonntagsausflug unbedingt einmal am Parkplatz »Alte Eisenbahn« beginnen. Entgegen dem Namen wandert man hier nicht auf einer stillgelegten Eisenbahntrasse, sondern auf dem Eggeweg, dem wichtigsten Pfad auf dem Kamm des Eggegebirges. Von hier aus startet aber auch ein Rundweg, der unter anderem an den Teutonia Klippen vorbeiführt, einer Felsformation mit einer 15 Meter hohen Steilwand. Ein anderer Rundweg führt zur »Alten Eisenbahn«, dem Naturdenkmal, das auch dem Parkplatz seinen Namen gegeben hat. Aber wieso ist diese »Eisenbahntrasse« zum Naturdenkmal erklärt worden?

Ganz einfach, weil sie nicht realisiert wurde. Urwüchsig und naturbelassen erscheint die Schlucht mit ihren schroffen Klippen. Wildes Dickicht, umgestürzte Bäume und dunkle Tümpel verleihen ihr im Sommer ein malerisches Aussehen, das sich in der trüben Jahreszeit jedoch ins Gegenteil verkehrt.

Doch die steilen Felsabstürze sind nicht natürlichen Ursprungs. Von 1846 bis 1848 ließ die Cöln-Minden-Thüringische-Eisenbahngesellschaft hier einen Tunnel bauen. Mit 600 Metern Länge sollte er das Eggegebirge durchqueren und auf dem Schienenweg Westfalen mit Hessen verbinden. Aber die schlechte Beschaffenheit des Geländes machte dem Projekt einen Strich durch die Rechnung. Wassereinbrüche und Erdrutsche erschwerten die Arbeit massiv. Als 1848 die bürgerliche Revolution losbrach, stand die Eisenbahn-Aktiengesellschaft vor dem Bankrott. Der preußische Staat übernahm das Projekt, realisierte die Trasse jedoch weiter nördlich über Altenbeken und sprengte die bislang gebauten 200 Meter des Eggetunnels bei Willebadessen.

In den vielen vergangenen Jahrzehnten eroberte die Natur die verlassene Großbaustelle zurück. Nur der Name »Alte Eisenbahn« erinnert daran, wie diese Schlucht tatsächlich entstanden ist.

Adresse Bülheimer Weg, Ecke Eggeweg, 34439 Willebadessen | **Anfahrt** A 44 Ausfahrt Diemelstadt, B 252 Richtung Scherfede, Brakel, nach links in Richtung B 68, in Kleinenberg rechts auf Willebadessener Straße, der Parkplatz liegt in einer scharfen Rechtskurve im Wald, dort befindet sich eine Infotafel, die auch den Wanderweg zum Naturdenkmal beschreibt | **Tipp** Wer dem Eggeweg Richtung Süden folgt, kann einen Abstecher zu Bierbaums Nagel unternehmen. Der älteste Aussichtsturm Ostwestfalens bietet einen Rundumblick, der bis nach Kassel reicht.

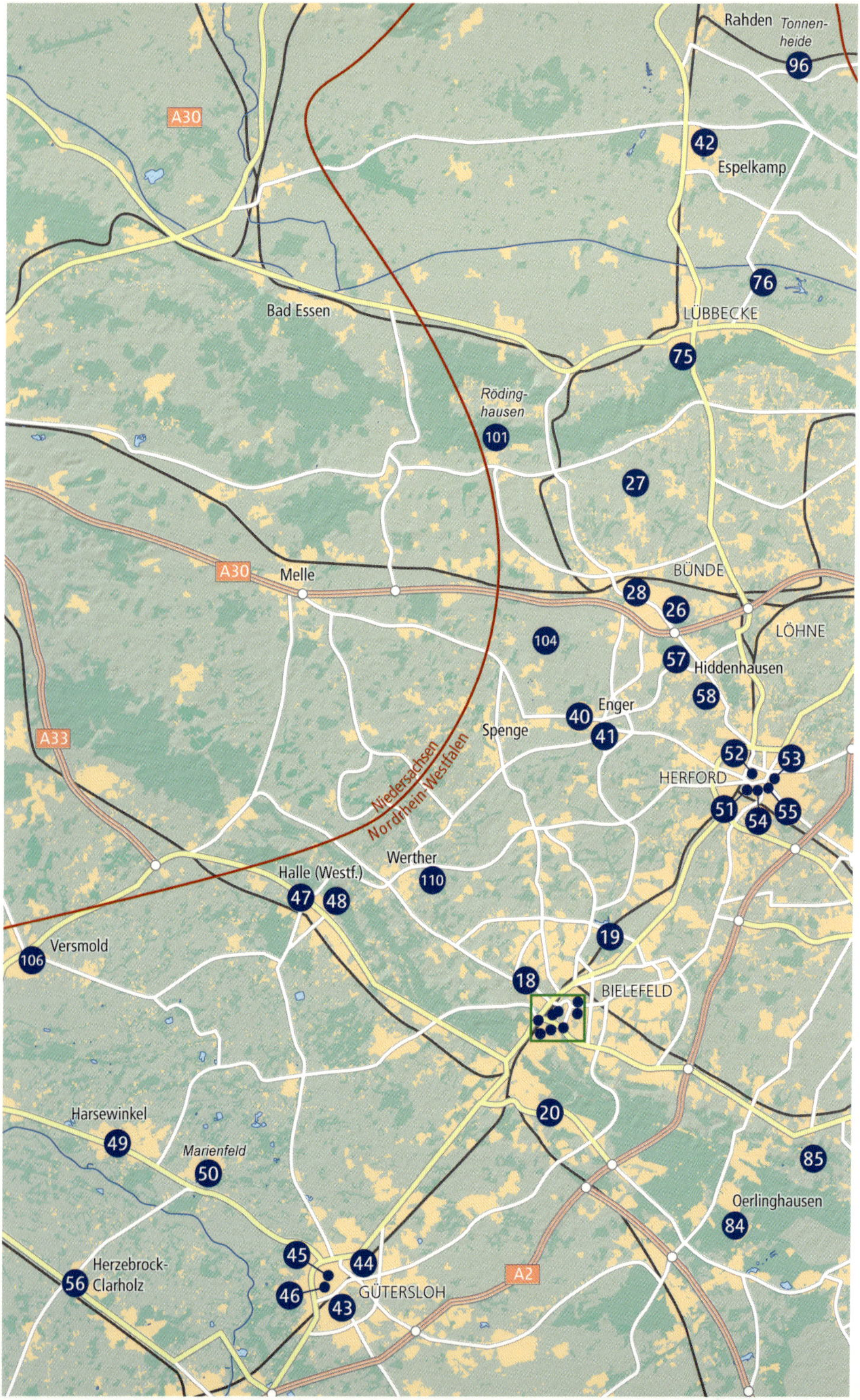

Rahden
Tonnenheide
96
A30
42
Espelkamp
76
Bad Essen
LÜBBECKE
75
Rödinghausen
101
27
A30
Melle
BÜNDE
28
26
LÖHNE
104
57
Hiddenhausen
58
Enger
40
Spenge
41
A33
52
53
HERFORD
Niedersachsen
Nordrhein-Westfalen
51
54
55
Werther
110
Halle (Westf.)
47
48
19
106
Versmold
18
BIELEFELD
20
Harsewinkel
49
Marienfeld
50
85
Oerlinghausen
84
45
44
Herzebrock-Clarholz
56
A2
46
43
GÜTERSLOH

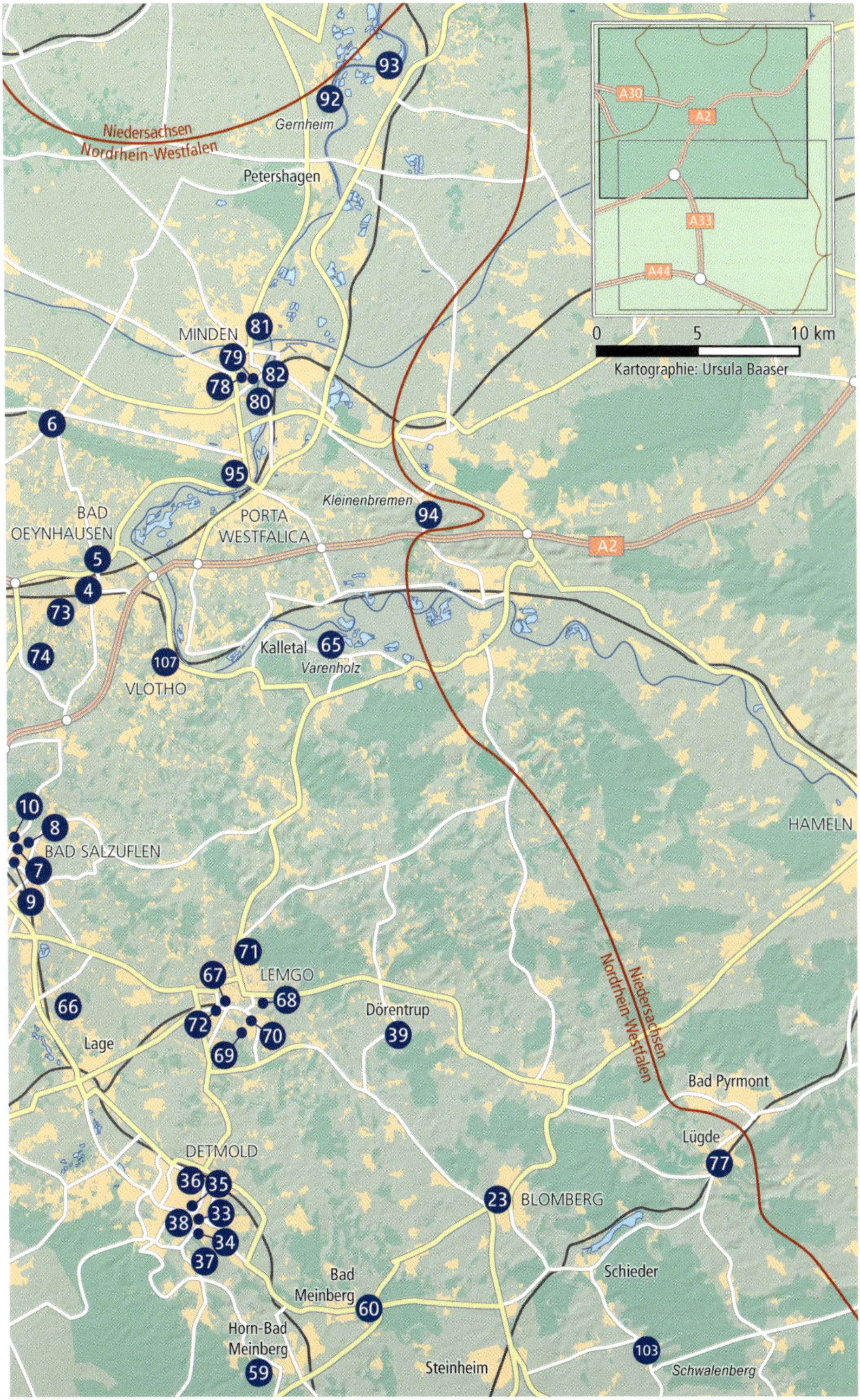

Niedersachsen
Nordrhein-Westfalen
Gernheim
Petershagen
MINDEN
Kleinenbremen
BAD OEYNHAUSEN
PORTA WESTFALICA
A2
Kalletal
Varenholz
VLOTHO
BAD SALZUFLEN
HAMELN
LEMGO
Dörentrup
Lage
Niedersachsen
Nordrhein-Westfalen
Bad Pyrmont
Lügde
DETMOLD
BLOMBERG
Schieder
Bad Meinberg
Horn-Bad Meinberg
Steinheim
Schwalenberg
A30
A2
A33
A44
0
5
10 km
Kartographie: Ursula Baaser
93
92
81
79
82
78
80
6
95
94
5
4
73
74
107
65
10
8
7
9
71
67
68
66
72
70
69
39
77
36
35
33
38
34
37
23
60
103
59

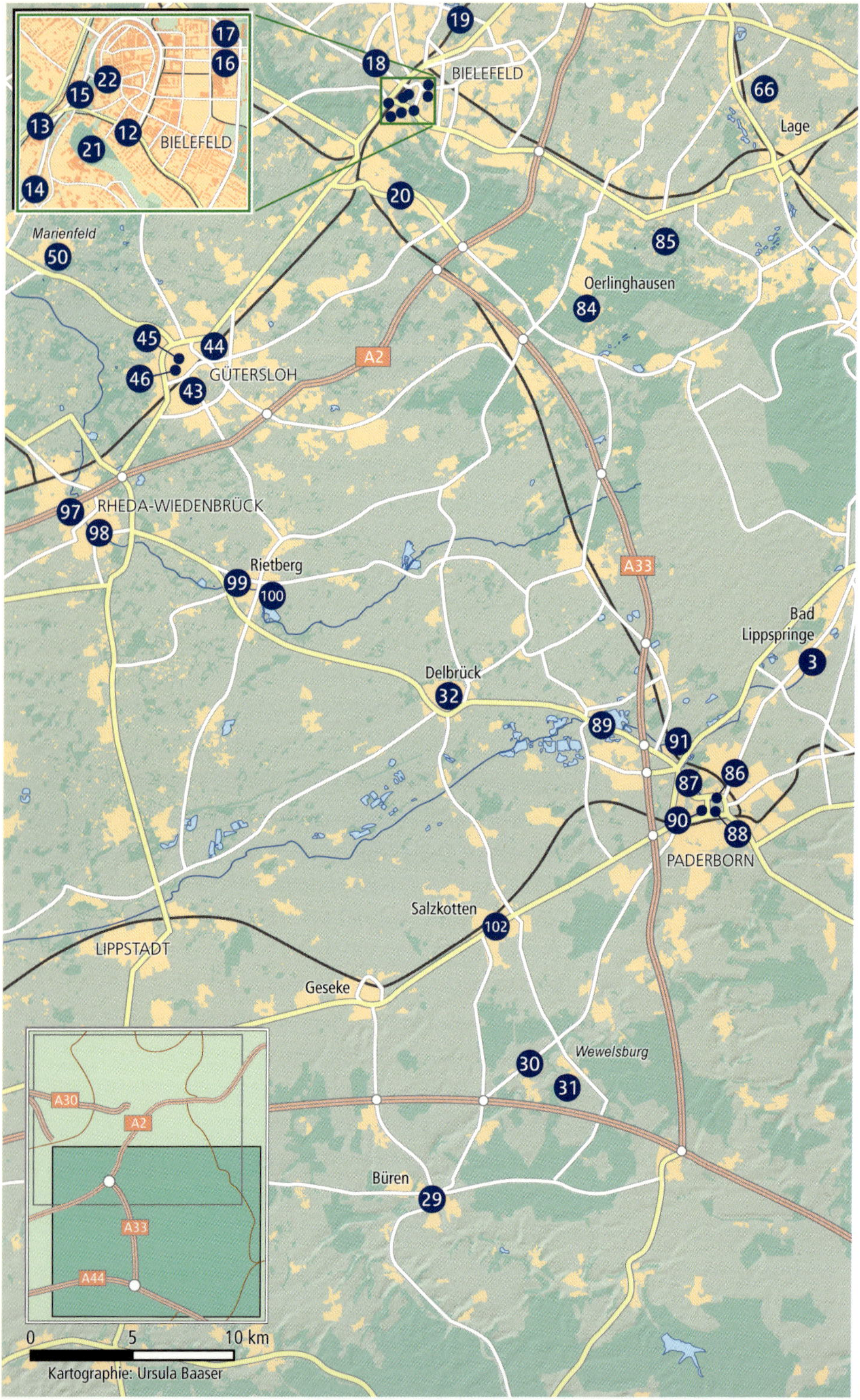
BIELEFELD
Lage
Marienfeld
Oerlinghausen
GÜTERSLOH
A2
RHEDA-WIEDENBRÜCK
Rietberg
A33
Bad Lippspringe
Delbrück
PADERBORN
Salzkotten
LIPPSTADT
Geseke
Wewelsburg
Büren
A30
A44
0
5
10 km
Kartographie: Ursula Baaser

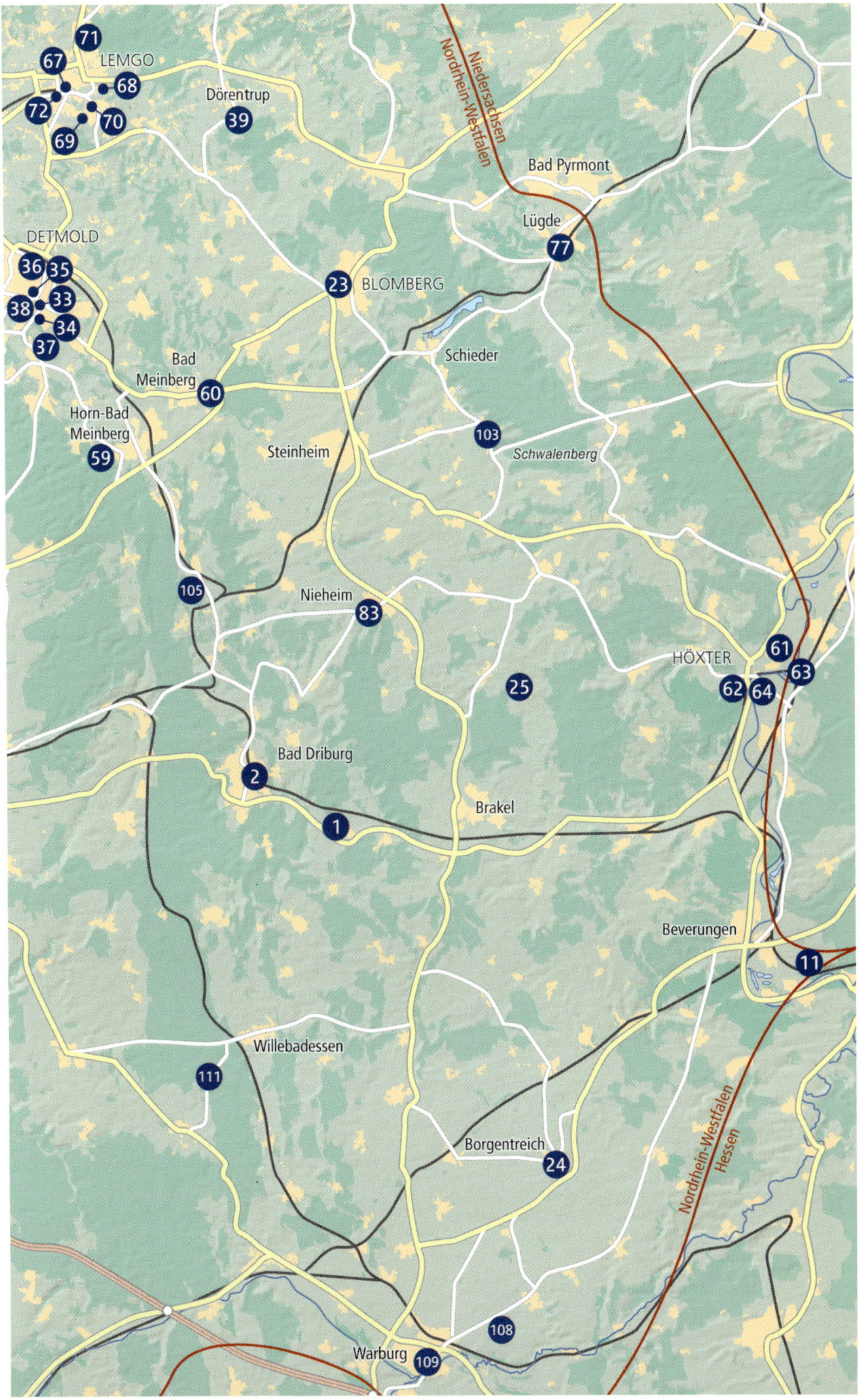
LEMGO
Dörentrup
DETMOLD
Niedersachsen
Nordrhein-Westfalen
Bad Pyrmont
Lügde
BLOMBERG
Schieder
Bad Meinberg
Horn-Bad Meinberg
Steinheim
Schwalenberg
Nieheim
HÖXTER
Bad Driburg
Brakel
Beverungen
Willebadessen
Borgentreich
Nordrhein-Westfalen
Hessen
Warburg
71
67
68
72
70
69
39
36
35
33
38
34
37
23
77
60
103
59
105
83
61
63
62
64
25
2
1
11
111
24
108
109

Rüdiger Liedtke
111 Orte auf Mallorca, die man gesehen haben muss
ISBN 978-3-89705-975-7

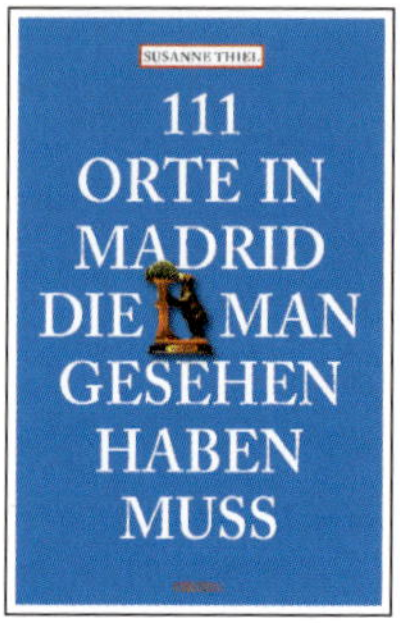

Susanne Thiel
111 Orte in Madrid, die man gesehen haben muss
ISBN 978-3-95451-118-1

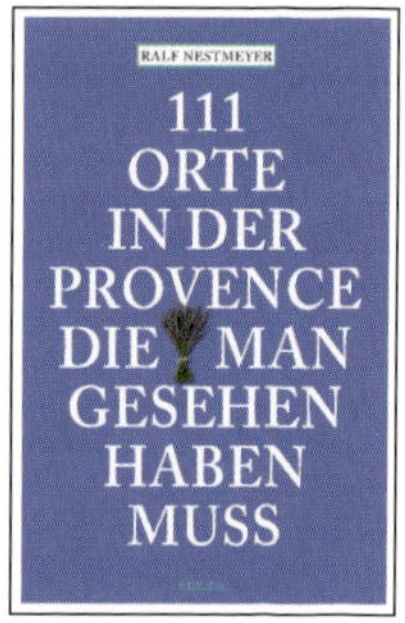

Ralf Nestmeyer
111 Orte in der Provence, die man gesehen haben muss
ISBN 978-3-95451-094-8

Peter Eickhoff
111 Orte in Wien, die man gesehen haben muss
ISBN 978-3-89705-969-6

Stefan Spath
111 Orte in Salzburg, die man gesehen haben muss
ISBN 978-3-95451-114-3

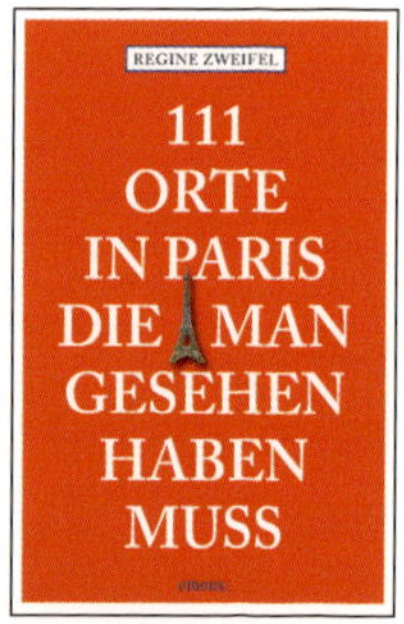

Regine Zweifel
111 Orte in Paris, die man gesehen haben muss
ISBN 978-3-89705-823-1

Dirk Engelhardt
111 in Barcelona, die man gesehen haben muss
ISBN 978-3-95451-066-5

Christina Kuhnund Katrin Höller
111 Orte in Südwestfalen, die man gesehen haben muss
ISBN 978-3-89705-926-9

Alexandra und Jobst Schlennstedt
111 Orte an der Ostseeküste, die man gesehen haben muss
ISBN 978-3-89705-824-8

Peter Eickhoff
111 Düsseldorfer Orte, die man gesehen haben muss
ISBN 978-3-89705-699-2

Fabian Pasalk
111 Orte im Ruhrgebiet, die man gesehen haben muss
ISBN 978-3-89705-814-9

Rüdiger Liedtke
111 Orte in München, die man gesehen haben muss
ISBN 978-3-89705-892-7

Gabriele Kalmbach
111 Orte in Dresden, die man gesehen haben muss
ISBN 978-3-89705-909-2

Oliver Schröter
111 Orte in Leipzig, die man gesehen haben muss
ISBN 978-3-89705-910-8

René Förder
111 Orte in Sachsen-Anhalt, die man gesehen haben muss
ISBN 978-3-89705-911-5

Rike Wolf
111 Orte in Hamburg, die man gesehen haben muss
ISBN 978-3-89705-916-0

Thomas Baumann
111 Orte in der Kurpfalz, die man gesehen haben muss
ISBN 978-3-89705-891-0

Bernd Imgrund
111 Kölner Orte, die man gesehen haben muss
Band 1
ISBN 978-3-89705-618-3

(Ost-)Westfalen Krimis im Emons Verlag

Jobst Schlennstedt
Westfalenbräu
Ostwestfalen Krimi
978-3-897058-768-5

»Der Erzählstil von Jobst Schlennstedt ist mit feinfühligem Humor durchsetzt, die Figuren erscheinen plastisch und greifbar.«

Westfalen-Blatt

Jobst Schlennstedt
Dorfschweigen
Westfalen Krimi
978-3-897058-996-2

»Wer ›Dorfschweigen‹ angefangen hat zu lesen, folgt dem Kommissar gerne in seiner Aufklärungsarbeit.«

Herforder Zeitung

Dank

Wir bedanken uns bei allen genannten Personen und Institutionen, die uns freundlicherweise Fotomaterial zur Verfügung gestellt haben. Außerdem gilt unser Dank allen Experten und Ortskundigen aus den 111 Orten für die Unterstützung mit Fachwissen und Korrekturen. Des Weiteren auch den Lesern des Westfalen-Blatts, die uns zahlreiche Tipps geliefert haben. Und schließlich Hartmut Horstmann, der dieses Buch bereits in der Planungsphase wohlwollend unterstützt hat.

Bildnachweis

Dr. August Oetker KG S.35 (Dr. Oetker Welt in Bielefeld); Orgelmuseum Borgentreich / Ansgar Hoffmann S.57 (Barockorgel in Borgentreich); Heimstätte Dünne gGmbH / Dietrich von Bodelschwingh S.63 (Dünner Lehmbrot-Verfahren in Bünde); Fotostudio Henke Salzkotten S. 69 (Quax Hangar in Büren); Fachhochschule Lippe und Höxter S. 79 (Krumme Straße in Detmold); LWL-Freilichtmuseum Detmold-Westfälisches Landesmuseum für Volkskunde (Bildsammlung, Jähne, 2009) S. 83 (Freilichtmuseum in Detmold); Jürgen Tönsmann S. 93 (Teppichmuseum Tönsmann in Espelkamp); GERRY WEBER WORLD S. 103 oben; Christian Ring S.103 unten (Gerry Weber Stadion in Halle); Museum Halle S. 105 (Kindheitsmuseum in Halle); Jüdische Gemeinde Herford-Detmold / Jürgen Escher S. 117 (Synagoge in Herford); Lipperland.de S. 139 (Brücke am Herrengraben in Kalletal); www.stattgespraech.de S.153 (Stattgespräch in Lemgo); Michael Scholz / AQUA MAGICA GmbH S. 155 (Aqua Magica in Löhne); Thomas Weber S. 197 (Bergwerk Kleinenbremen in Porta Westfalica); Bibeldorf Rietberg S. 207 (Bibeldorf in Rietberg)

Die Autoren

Jobst Schlennstedt wurde 1976 in Herford geboren. 21 Jahre blieb er der Stadt treu, ehe er sein Geografiestudium an der Universität Bayreuth begann. Seit Anfang 2004 lebt er in Lübeck. Im Emons Verlag veröffentlicht er Küsten- und Westfalen-Krimis sowie Titel in der »111 Orte«-Reihe.

Alexandra Schlennstedt, aufgewachsen in Baden-Württemberg, studierte Geografie in Bayern und fand 2004 in Lübeck ihre neue Heimat. Sie arbeitet hauptberuflich im Marketing; für den Emons Verlag hat sie bereits 111 Orte an der Ostseeküste Schleswig-Holsteins bereist.